LAS HISTORIAS
MÁS BELLAS
DE LA
ANTIGUA
ROMA

Lorenza Cingoli

LAS HISTORIAS MÁS BELLAS DE LA ANTIGUA ROMA

ILUSTRACIONES DE
Patrizia Manfroi

GRIBAUDO

LAS HISTORIAS MÁS BELLAS DE LA ANTIGUA ROMA

Título original: Le più belle storie dell'Antica Roma
Texto: Lorenza Cingoli
Ilustraciones: Patrizia Manfroi
Traducción: Xavier Solsona (La Letra, S.L.)

Redazione Gribaudo
Via Garofoli, 266
37057 San Giovanni Lupatoto (VR)
redazione@gribaudo.it

Responsable de producción: Franco Busti
Responsable de redacción: Laura Rapelli
Responsable gráfico y diseño: Meri Salvadori
Fotolito y preimpresión: Federico Cavallon, Fabio Compri
Secretaría de redacción: Emanuela Costantini

Impresión y encuadernación: Grafiche Busti srl, Colognola ai Colli (VR),
empresa certificada FSC®-COC con código CQ-COC-000104

© 2018 GRIBAUDO - IF - Idee editoriali Feltrinelli srl
Socio Único Giangiacomo Feltrinelli Editore srl
Via Andegari, 6 - 20121 Milán
info@gribaudo.it
www.gribaudo.it

Primera edición: septiembre de 2019
ISBN: 978-84-17127-44-2

UN MUNDO DE HÉROES, REYES Y EMPERADORES

Roma, la ciudad eterna. El corazón de un vasto imperio conquistado y mantenido a lo largo de siglos gracias a guerreros valientes, héroes invencibles y astutos comandantes. Un imperio poblado también de gente corriente: jóvenes intrépidos, mujeres valerosas y esclavos rebeldes que contribuyeron a hacer legendaria su historia. De ahí provienen los relatos que componen este libro, una especie de máquina del tiempo que llevará a los pequeños lectores a un pasado glorioso lleno de figuras como Rómulo y Remo —los gemelos hijos del dios Marte y de Rea Silvia que dieron inicio a la construcción de Roma—, la ninfa Egeria, esposa del rey Numa Pompilio, Caco, el monstruo del Aventino derrotado por Hércules, y de personajes históricos como Aníbal, Julio César o Nerón. Del desembarco de Eneas en el Lacio a la primera piedra colocada por Rómulo, de la época de los siete reyes a la formación de la república, del ascenso al poder de César al imperio de Augusto y Nerón, muchas aventuras y hazañas emocionantes captarán la atención de pequeños y mayores.

Entre mitos y leyendas, historia y tradiciones, la antigua Roma es la protagonista de unos relatos llenos de encanto, narrados con un estilo cautivador y sugerente que acercará a los niños a un mundo que, aunque lejano en el tiempo, forma parte de nuestra cultura y de nuestras raíces.

EL DESEMBARCO DE ENEAS

El viento se había detenido súbitamente. De pie en la proa del barco, Eneas miró el mar: era como una balsa azul. En días como aquel resultaba imposible seguir navegando. Se giró hacia tierra firme, vio una línea costera hecha de arena y, un poco más allá, bosques frondosos.

Después de huir de la ciudad de Troya, pasto de las llamas, el héroe vagaba desde hacía siete años por el Mediterráneo en busca de una tierra fértil y acogedora. Tormentas, plagas, monstruos marinos… Eneas había desafiado peligros de toda clase; en el transcurso del viaje había perdido también a su padre Anquises y ahora se sentía cansado. Decidió que era el momento de desembarcar. El barco se internó en los meandros de un río. Bandadas de aves levantaban el vuelo. «Es una tierra rica en agua, un lugar ideal donde vivir», pensó Eneas. Y ya en la orilla, mandó construir un altar de piedra para agradecer a los dioses que lo hubieran llevado hasta allí.

Entretanto, sus compañeros miraban alrededor perplejos: ¿cómo podía estar tan seguro de que era adecuado para establecerse? Parecía un terreno salvaje y pantanoso. Y además había mosquitos.

—No temáis, pronto sabremos si se trata del lugar idóneo, los dioses nos enviarán una señal —declaró el héroe.

Y, efectivamente, la señal llegó. Entre los matorrales apareció una cerda de pelo blanco, un animal muy raro.

Los troyanos intentaron acercársele, pero el animal no tenía intención de dejarse atrapar y desapareció entre los árboles. Eneas instó a sus compañeros: ¡debían perseguirla, no podían dejar escapar aquel valioso animal!

Acalorados y jadeando, los troyanos llegaron a un claro. Escondida en una madriguera encontraron a la cerda que, poco después, parió nada menos que treinta cerditos, todos blancos.

Para Eneas, ese parto extraordinario era un augurio de buena suerte y abundancia. Señalaba el final de su viaje.

—Aquí construiremos nuestra nueva ciudad —afirmó.

Sus compañeros, sin embargo, no parecían muy convencidos: el lugar al que los había conducido la cerda era aún más inhóspito que la ciénaga, pero cuando al héroe se le metía algo en la cabeza era mejor no contradecirlo. Así pues, empezaron a reunir madera para levantar las paredes de un primer refugio, aunque sospechaban que aquella tierra ya estaba habitada.

En efecto, en los alrededores vivían unos aborígenes, un pueblo valiente y combativo decidido a impedir que invasores llegados de quién sabe dónde les arrebataran las tierras. Cuando supieron que los troyanos estaban construyendo casas, su rey, Latino, se puso furioso. Aquella noche se fue a dormir muy inquieto: el enfrentamiento con los hombres de Eneas era inminente, sus soldados no esperaban otra cosa.

Aquella noche tuvo una extraña pesadilla. Seguía dando vueltas en la cama, oscuras criaturas poblaban su mente, hasta que se le apareció su padre, el dios Fauno, quien le pidió que no declarase la guerra a los extranjeros.

—De aquella gente nacerá un gran futuro, no te enfrentes a ellos —susurró al oído del monarca.

11

Al día siguiente, Latino se despertó de buen
humor y se fue a hablar con Eneas.

—Oh, extranjero venido del mar, te permito que construyas
una nueva ciudad —dijo Latino—. Y como muestra de mi
benevolencia, te concedo que te unas en matrimonio con
mi hija Lavinia.

Eneas casi no se lo podía creer: el rey no solo le prometía
la paz, sino que le daba como esposa a su hija, una bella
princesa pelirroja.

Pero había un problema, y ese problema tenía un nombre: Turno. Alto, musculoso, atractivo, con una larga melena de rizos castaños, era el rey de los rútulos y desde hacía algún tiempo estaba prometido con Lavinia. ¿Cómo se atrevía Latino a romper un compromiso ya decidido?

Con el apoyo de la madre de Lavinia, la reina Amata, el rey de los rútulos declaró la guerra a los troyanos y convocó a todos sus aliados: había que expulsar al enemigo.

Lo que siguió fue una guerra sangrienta, y muchos valerosos perdieron la vida. En varios momentos, Eneas temió sufrir una derrota total, pero los peligros que había afrontado en el pasado lo habían vuelto más sabio y más fuerte. Siguió resistiendo y finalmente logró derrotar al valiente Turno.

Durante todo aquel tiempo, la princesa Lavinia había permanecido encerrada en su habitación. No sabía qué pensar del nuevo pretendiente: le parecía viejo, había estado casado y había perdido a su esposa en la huida de Troya, tenía un hijo ya mayorcito, Ascanio, y venía de muy lejos. No tenía nada en común con ella. Pero Eneas logró disipar cualquier duda.

—Mi pueblo y el vuestro serán a partir de hoy una sola cosa, mi señora —declaró al presentarse después de la victoria—. Mis hombres se casarán con vuestras mujeres, y de los troyanos y los aborígenes nacerá una nueva estirpe. Nos llamaremos latinos, en honor a tu padre.

El extranjero era muy educado y tenía una mirada inteligente.

—Latinos… me gusta. De acuerdo, seré tu mujer.

La reina Lavinia y el rey Eneas tuvieron un hijo, Silvio, el primero que nació en la nueva ciudad llamada Lavinium. Mientras el pequeño dormía entre los brazos de su madre, Eneas se sintió al fin tranquilo: después de tantas peripecias, había encontrado un lugar seguro.

Observó las garzas que sobrevolaban el palacio real. Migraban hacia el sur. Para él, sin embargo, el tiempo de viajar había llegado a su fin. Para Eneas y su gente había empezado una nueva vida.

LA GUERRERA CAMILA

En las laderas de un monte, un hombre llamado Metabo corría hasta no poder más. Llevaba apretada contra su pecho a Camila, su hija recién nacida, envuelta en un paño de lino. A sus espaldas, los perseguidores les pisaban los talones, armados con lanzas. Metabo había gobernado la ciudad de Priverno, pero una rebelión lo había obligado a huir. Abandonado por sus aliados y desposeído de todo, había perdido a su esposa y solo le quedaba su hija.

Llegó a las proximidades de un río. Al otro lado crecía un bosque de alerces y robles. Allá estarían a salvo.

El hombre contempló el agua. Los gritos de los enemigos se oían cada vez más cerca, debía darse prisa, pero no se atrevía a meterse en el río con la niña. Invocó a la diosa Diana, reina de los bosques y protectora de las mujeres.

—Oh, diosa, ayúdame, salva a mi hija —suplicó, y le pareció vislumbrar a Diana bajo el aspecto de una cierva.

Animado por aquella aparición, ató a la pequeña Camila al centro de su gran lanza. Cogió carrerilla y, con un poderoso gesto, la lanzó al otro lado del río. El arma fue a clavarse justo en la orilla opuesta. Inmediatamente después, Metabo se tiró al agua y alcanzó a la niña.

En la lejanía los campos reverdecían y se podían ver también algunas casas, pero Metabo no podía pedir hospitalidad: era demasiado arriesgado, pues si lo reconocían, sería entregado al enemigo.

Se adentró en la espesura del bosque, preparó un camastro en el manto de musgo de una cueva y acomodó a la niña.

Desde entonces, ella creció bebiendo leche de oveja y
de yegua salvaje, jugando entre las zarzas y las madrigueras de
los zorros. Vestía una piel de tigre y ya desde pequeña usaba la
honda con gran habilidad para cazar liebres y pequeñas aves.
Con sus largos rizos rubios, la cara sucia de tierra y los ojos
verdes como los helechos del sotobosque, al anochecer volvía
a la cueva con sus presas, para cocerlas en el fuego al lado de
su querido padre. Cuando Camila cumplió trece años, una
edad en que las chicas solían aprender a bordar e hilar, Metabo
le regaló un arco y unas flechas. La joven no cabía en sí de
alegría y corrió a probar sus nuevas armas. Montó a caballo
y salió a toda velocidad por el campo, con su cabellera al viento.

Todo el mundo la conocía: los chicos la miraban, cautivados por su belleza, y muchas madres la hubieran deseado como esposa para sus hijos. Algunos pretendientes incluso se habían presentado en la cueva, que con el tiempo se había convertido en una espléndida morada excavada en la roca, y habían declarado su amor a Camila. A pesar de todo, ella deseaba ser libre.

Poco a poco, alrededor de Camila se formó un grupo de muchachas que querían aprender el arte de la guerra. La joven les enseñaba a manejar la espada, a tirar con arco y a lanzar la jabalina. Al fin, gracias a su fuerza y a su prestigio, la guerrera fue aclamada como reina del pueblo que habitaba aquella zona: los volscos. Camila y sus amigas solo deseaban entrar en combate, y un día se les presentó la gran oportunidad: Turno, el rey de los rútulos, les pidió ayuda en la guerra contra los latinos.

Las flechas de Camila no erraban ni un disparo, y muchos valientes murieron atravesados por su espada: nadie la acobardaba, ni siquiera guerreros mucho más altos y musculosos que ella. De pronto, en medio del tumulto, vio a un soldado llamado Cloreo, famoso por sus hazañas. Llevaba una armadura de bronce y montaba un caballo cubierto de escamas metálicas unidas por hebillas de oro.

Camila se separó de sus compañeras, espoleó a su caballo y se lanzó en persecución de aquel hombre. Quería matarlo y llevarse su armadura como trofeo.

Cegada por el deseo de apropiarse de aquel premio,
Camila no advirtió el peligro. Se había separado
demasiado de sus compañeras y ahora daba la espalda
a un enemigo llamado Arrunte, que estaba esperando
el momento para entrar en acción. Acca, su más fiel
amiga, le gritó:

—¡Cuidado, Camila! ¡Estás desprotegida!

Aun así, la guerrera ni siquiera percibió el silbido de la flecha que Arrunte había disparado. Acca y sus compañeras no entendían lo que estaba sucediendo. ¿Había sido alcanzada Camila? Corrieron hacia ella, pero una hilera de enemigos con sus lanzas les impidió pasar. Cayó la noche en el campo de batalla; las guerreras, desesperadas, buscaron a Camila entre las víctimas. Apartaron escudos, observaron rostros, caminaron largo rato entre los soldados que yacían en el suelo.

No había ningún rastro de la reina, su cuerpo no se encontró.
Al día siguiente sucedió un extraño acontecimiento. Una
espléndida yegua de pelo rubio fue vista galopando libre
y veloz por la llanura. Ahora Acca y las demás guerreras ya
no tenían dudas: para protegerla del disparo mortal, la diosa
Diana había transformado a su reina en aquel bellísimo
animal. Desde entonces, la guerrera
Camila fue libre de verdad; ya nadie
la detendría jamás.

HÉRCULES
Y EL MONSTRUO
DEL AVENTINO

El gigante Caco era feo, pero feo de verdad. Tenía el cuerpo recubierto de pelos tiesos, pies enormes, uñas largas como garras y dientes afilados y amarillos. Y, por si fuera poco, escupía fuego por la boca. Todos le tenían miedo y no se acercaban nunca a la horrible cueva excavada bajo la colina del Aventino donde vivía. Su gruta era oscura, apestosa, con el suelo cubierto de huesos de sus víctimas.

Los pastores que vivían en una colina frente a él,
el Palatino, estaban tan aterrorizados que, cuando lo
veían salir de la cueva, se refugiaban rápidamente en sus
casas, temblorosos. Por las noches muchos soñaban con él y se
despertaban muertos de miedo. Que aquel monstruo rondara
por los alrededores no les daba ninguna tranquilidad.

Aparte de asustar a la gente, Caco también tenía otra ocupación: cuidaba a su rebaño de vacas, que llevaba a pacer por los campos cercanos. Un día llegó hasta allí un personaje muy famoso, Hércules, el semidiós hijo de Júpiter, el héroe de fuerza sobrehumana que se cubría con una piel de león.

El forzudo regresaba de una tierra lejana, donde había completado una de sus míticas gestas: había derrotado al gigante de tres cabezas Gerión, llevándose consigo unas espléndidas vacas. Igual que Caco, Gerión también era un gigante-pastor. Sus animales eran muy bonitos y tenían un raro pelaje de color rojo.

Al atardecer, Hércules llegó con su valioso rebaño a orillas
del río Tíber. El viaje había sido largo y estaba cansado, de
modo que se detuvo debajo de un árbol, comió pan y aceitunas,
bebió un poco de vino y, mecido por el murmullo del río, se
durmió profundamente. Despertó al día siguiente, cuando
la luz del amanecer ya empezaba a teñir de rojo el cielo. Se
desperezó a gusto, abrió los ojos y miró a su alrededor. Una
vaca rumiaba cerca de él, un poco más allá había otra y las
demás descansaban todavía bajo los árboles. Pero había pocas,
muchas menos que la noche anterior.

Contó uno a uno a los animales. ¡Faltaban los más bonitos! Enfurecido, se puso a buscarlos. ¡Tenía que encontrar al ladrón que se había llevado su tesoro! Vio huellas y, esperanzado, empezó a seguirlas: quizá lo conducirían hasta el lugar donde se escondía la manada. Pero al final, después de dar vueltas y más vueltas, siempre regresaba al punto de partida.

Abatido, lamentándose y arrepentido por no haber pasado la noche velándolas, Hércules decidió marcharse con las vacas que le quedaban: quizá buscando en otro lugar encontraría las que le faltaban. Al empujar a los bovinos para que caminasen, estos empezaron a mugir, como hacían siempre que se movían. Al cabo de poco, Hércules oyó voces a lo lejos.

—*Muuuuuu* —venía de la colina, y se puso a escuchar—. *Muuuuu, muuuuuu.*

¡Las vacas robadas estaban respondiendo a sus compañeras! Siguiendo los mugidos, el héroe llegó hasta una pared de roca, justo en el punto donde estaba la gruta de Caco.

Había sido el monstruo del Aventino, sin duda, el que le había robado las vacas de pelo rojo: ¡aquellos animales eran demasiado bonitos! Y, como era muy listo, Caco había ideado un modo para no ser descubierto. Durante la noche había llevado a las vacas hasta su cueva tirando de su cola una por una, de modo que las huellas que dejaban en el terreno apuntaban en la dirección contraria: por eso Hércules no había logrado entender nada.

Ahora, sin embargo, lo había descubierto todo y estaba furioso. Una enorme piedra impedía entrar en la cueva de Caco.

Decidido a recuperar a sus animales, Hércules miró rápidamente a su alrededor, vio un pedrusco puntiagudo que sobresalía en un lado y con su fuerza sobrehumana lo arrancó de la montaña y lo usó como palanca para sacar la roca que bloqueaba la entrada.

Entonces avanzó con cautela por el interior de la cueva, blandiendo un garrote de madera. Los huesos que estaban esparcidos por el suelo crujían bajo sus pies.

Apenas oyó los ruidos, Caco comprendió que alguien había entrado en su casa y abrió de par en par su horrible boca, de la que salió una llama de fuego y humo negro. Una cortina ardiente separaba a Hércules del monstruo. Pero el héroe había afrontado muchos peligros, había luchado en mil batallas y no se asustaba fácilmente. Con un salto traspasó la línea de llamas y se plantó frente al gigante. Caco era mucho más alto que él, pero se movía con lentitud.

Antes de que pudiera abrir de nuevo las fauces para expulsar más fuego, Hércules le asestó un golpe en la cabeza con su garrote. El gigante lanzó un grito de dolor, giró sobre sí mismo y se desplomó al suelo sin vida. Poco después, Hércules salió fuera, seguido de las vacas.

Veloz como el viento, la noticia de la muerte de Caco se difundió por todas partes y la alegría volvió a reinar entre las gentes. Por fin se habían librado del terror que los había asediado durante tantos años.

Para agradecer a Hércules su hazaña, el rey de aquellos tiempos, que se llamaba Evandro, hizo levantar un altar de piedra en su honor.

Pasaron los años y en torno al altar se levantó un mercado en el que los pastores se reunían para contratar la venta de ganado. Siempre había un gran trasiego en aquella plaza y todos, antes de iniciar sus negocios, llevaban a cabo ritos y sacrificios. Tocando el altar, ganaderos y comerciantes prometían solemnemente no robar nunca, ser honestos y respetarse los unos a los otros, en nombre de Hércules y de los dioses.

EL JARDÍN
DE
POMONA

El verano era la estación favorita de Pomona. Cuando los árboles rebosaban de frutos y los campos daban abundantes cosechas, la joven se sentía feliz, como si el mundo entero estuviera de fiesta.

Era la diosa de los frutos e incluso su aspecto recordaba los dones de la naturaleza. Sus mejillas eran rosadas como melocotones, su boca parecía una fresa silvestre y su piel era dorada como el trigo maduro

Una muchacha tan encantadora llamaba la atención de
muchísimos jóvenes. Pero ella no se fijaba en ninguno, se
pasaba el tiempo en su gran jardín, podaba ramas, cavaba,
regaba, cuidaba su huerto y recogía fruta. No necesitaba
un prometido: se sentía muy bien en compañía de las
plantas. Todos aquellos pretendientes la incomodaban,
tanto que llegó a construir una empalizada entre su huerto
y el sendero de al lado para sentirse más protegida.

Entre sus pretendientes estaba Vertumno, el dios de los campos, que vivía por los alrededores. Desde que había visto a Pomona se había enamorado perdidamente de ella y quería verla todos los días, así que siempre pasaba junto a su jardín

Vertumno tenía un poder: era capaz de cambiar de aspecto muy rápidamente, y como temía que tarde o temprano Pomona se cansara de verlo, cada vez aparecía bajo formas diferentes. Un día era un campesino con una cesta de trigo, otro día adoptaba el aspecto de un carpintero con una bolsa llena de herramientas, y otro pasaba por delante con una carreta, haciéndose pasar por un comerciante de telas.

Pomona no se dignaba siquiera a mirarlo, y
Vertumno volvía cabizbajo cada noche a su casa, hasta
que se le ocurrió una idea para poder acercarse a la joven.
Se transformó en una viejecita, una amable señora con
bastón y chal, de espaldas encorvadas y cabello blanco.
Renqueante y temblorosa, la vieja-Vertumno se presentó
en la puerta del jardín de Pomona. Le dijo que estaba
cansada de tanto caminar y le pidió si se podía detener
en aquel lugar tan bonito. La joven diosa, enternecida,
la dejó pasar, le dio una copa de agua para beber e hizo que
se sentara en una silla de mimbre trenzado, bajo los árboles.

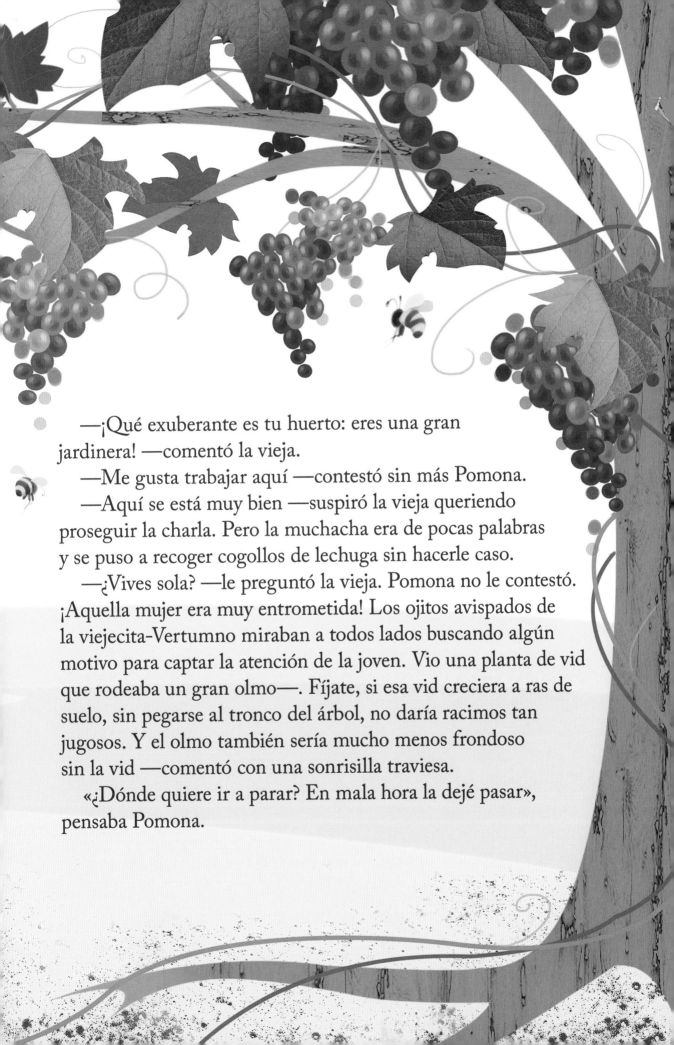

—¡Qué exuberante es tu huerto: eres una gran jardinera! —comentó la vieja.

—Me gusta trabajar aquí —contestó sin más Pomona.

—Aquí se está muy bien —suspiró la vieja queriendo proseguir la charla. Pero la muchacha era de pocas palabras y se puso a recoger cogollos de lechuga sin hacerle caso.

—¿Vives sola? —le preguntó la vieja. Pomona no le contestó. ¡Aquella mujer era muy entrometida! Los ojitos avispados de la viejecita-Vertumno miraban a todos lados buscando algún motivo para captar la atención de la joven. Vio una planta de vid que rodeaba un gran olmo—. Fíjate, si esa vid creciera a ras de suelo, sin pegarse al tronco del árbol, no daría racimos tan jugosos. Y el olmo también sería mucho menos frondoso sin la vid —comentó con una sonrisilla traviesa.

«¿Dónde quiere ir a parar? En mala hora la dejé pasar», pensaba Pomona.

—Siendo dos se vive mejor. Incluso aquellos dos gorriones que vuelan entre las ramas, ¿ves qué felices son? —insistió la anciana—. Muchachita, deberías encontrar a un compañero, eres muy bella, no sabes cuántos querrían casarse contigo.

Pomona levantó la mirada al cielo: ¡aquella mujer indiscreta la estaba poniendo nerviosa! Pero no se atrevía a ser insolente, así que hizo como si nada.

—Conozco a un joven que te gustaría, es bueno, honesto y digno de confianza. Se llama Vertumno. A él también le gusta el campo —prosiguió la anciana.

Pomona se puso a desgranar guisantes.

—No te estoy aburriendo, ¿verdad? —balbuceó la viejecita.

Pomona no sabía qué decir. ¡Aquella situación era tan absurda! Al final se echó a reír a carcajadas, sin parar.

Triste y enfadado a la vez, Vertumno se quitó el chal, el bastón, el disfraz entero y volvió a su verdadero aspecto.

—¡Basta! ¡Estoy harto! —protestó—. Ya no pienso transformarme más, total no sirve de nada.

Y se fue a grandes pasos, con la intención de no volver nunca más. Pomona se había quedado pasmada. Frente a ella, la viejecita se había convertido en un magnífico muchacho con los ojos de color miel, cabellos castaños y expresión amable.

—Espera —dijo la diosa—, no te vayas.

Vertumno volvió sobre sus pasos; le temblaban las piernas y estaba muy nervioso. Entonces abrazó tiernamente a la joven y la besó en las mejillas, en la frente, en los labios.

—¿Dónde estuviste todo este tiempo?

—Esperando a que te fijaras en mí —respondió
Vertumno.

Las abejas y las mariposas zumbaban a su alrededor
entre las flores, y el jardín resplandecía con los colores
del verano. A partir de aquel momento, Pomona
y Vertumno ya no se separaron nunca más.

RÓMULO Y REMO, LOS GEMELOS LOBOS

Hace centenares de años, en la ciudad de Alba Longa reinaba un rey muy bueno llamado Proca, que tenía dos hijos. Numitor, el mayor, era paciente y reservado: se pasaba los días en el campo con los campesinos, dando consejos sobre cómo arar, cavar o sembrar. Gracias a él, las cosechas eran abundantes. En cambio, el hijo menor, Amulio, era ambicioso y prepotente y le gustaba salir de caza con sus amigos.

Un día, el rey se puso enfermo y, en la cama, llamó a sus hijos.

—Cuando yo no esté, Numitor será rey. Tenéis que prometerme que os llevaréis bien —les pidió el bueno de Proca.

—Te lo prometemos, padre —contestaron los dos príncipes.

Pero en realidad, el menor no soportaba la idea de ver a su hermano convertido en rey.

Al morir Proca, Amulio fue a sentarse en el trono, hizo que los guardias rodearan a Numitor y le dijo:

—Vivirás en tu finca de campo. ¿No era eso lo que siempre habías deseado?

Más tarde se lo llevaron escoltado fuera de las murallas de la ciudad. El cruel nuevo rey suspiró aliviado, pero aún le quedaba un problema por resolver. Numitor tenía un hijo, Lauso, que algún día podía reclamar la corona: debía hacerlo desaparecer. Así pues, una noche, con la excusa de una batida de caza, se lo llevó hasta el bosque. Manadas de lobos aullaban entre los árboles. Amulio persuadió a su sobrino: ¡los hombres valientes no tienen miedo!

Y después, fingiendo querer defenderlo del ataque de una fiera, lanzó una flecha que traspasó el corazón del chico.

De regreso a Alba Longa explicó que había ocurrido un terrible accidente. Nadie se atrevió a contradecirle, ni siquiera Numitor, que se encerró en su dolor. Pero los problemas no habían terminado ahí, porque el hermano mayor también tenía una hija, Rea Silvia. Tarde o temprano se casaría y su hijo se convertiría en heredero del trono. Amulio no paró de pensar… hasta que se le ocurrió una idea y la mandó llamar.

—Tengo grandes proyectos para ti. Serás la sacerdotisa de Vesta. Te irás a vivir al templo y custodiarás el fuego sagrado de la diosa —sentenció el rey.

Rea Silvia cedió a los deseos de su tío: el deber de las sacerdotisas era mantener encendido el fuego sagrado en el templo, pero no podían casarse ni tener hijos. ¡Por eso Amulio había elegido aquel destino para su sobrina! Al día siguiente, Rea Silvia se dirigió al templo, donde las vestales la lavaron con agua de flores, le cortaron el pelo y la vistieron con una larga túnica inmaculada. Desde aquel día, la princesa se convirtió en sacerdotisa. Una mañana de primavera, mientras se dirigía al bosque para recoger agua de la fuente, de golpe se sintió fatigada y se detuvo a descansar. Se quedó dormida y tuvo un sueño maravilloso: un joven alto, guapo y de ojos relucientes se le acercaba y le sonreía, después se tendía a su lado y le besaba el pelo…

—¿Cómo te llamas? —susurró.

—Me llamo Marte y estoy aquí por ti —contestó.

Cuando Silvia se despertó, ya anochecía. ¡Tenía que volver corriendo al templo! De camino se dio cuenta de que no podían ser imaginaciones suyas: ¡Había conocido de verdad al dios Marte, y se había enamorado de ella!

Al cabo de un tiempo la princesa se dio cuenta de que esperaba un niño. ¡Era terrible! ¿Cómo lo escondería? Fingió estar enferma, y no volvió a presentarse a las ceremonias, siempre estaba en su habitación. Una noche una vestal, intrigada, fue a espiar a su dormitorio ¡y vio que la princesa tenía la barriga grande como una sandía!

En un abrir y cerrar de ojos, la noticia salió del templo y llegó a oídos de Amulio.

—¿Cómo? ¿Mi sobrina espera un hijo? ¡Traédmela inmediatamente!

La pobre Rea Silvia fue llevada ante su tío y acusada de traición: había violado la ley.

Amulio hizo que la encerraran en una torre y esperó a que naciera la nueva y odiada criatura.

Rea Silvia dio a luz no solo a un niño, sino a dos bellísimos gemelos. Cuando el rey los vio, comprendió que tenían algo especial: eran más grandes que los recién nacidos normales y los ojos les brillaban como estrellas. Eran hijos de un dios, no había duda, y debía hacerlos desaparecer. Mientras Silvia dormía, Amulio cogió a los bebés y se los entregó a un cazador.

—Llévatelos al río y arrójalos a la corriente. No los quiero volver a ver nunca más.

Aquel día el Tíber bajaba crecido y enormes charcos de agua se habían formado en las orillas. El cazador caminaba por el barro, con la cesta donde se ocultaban los gemelos.

—¡Qué tarea tan ingrata me ha confiado el rey! —refunfuñó.

El cielo se estaba nublando: pronto estallaría una tormenta y el cazador tenía prisa por volver a casa. Así pues, dejó a los niños junto a la orilla: la corriente se los llevaría.

El viento sopló, la cesta cogió velocidad y fue chocando a un lado y a otro hasta que quedó encallada entre las ramas de una higuera que crecía en la vera.

Mientras empezaba a llover, los niños cayeron a la orilla y se pusieron a gritar con todas sus fuerzas. No muy lejos, una loba de pelo rojizo levantó las orejas y se puso a correr. En cuanto vio a los gemelos se paró a olfatear el aire: no había ningún ser humano alrededor, solo aquellos dos cachorros sin pelos ni cola.

Le parecieron muy feos y hambrientos, ¡y además chillaban como águilas! Cansada de oír sus lamentos, la loba se tumbó de lado y amamantó con su leche a los gemelos, que crecieron junto a ella e incluso aprendieron a aullar como auténticos lobeznos.

Un día pasó por allá Fáustulo, un pastor del rey.

Al llegar a la orilla, se quedó desconcertado.

Dos niños rodaban por el barro junto a los lobeznos, una loba disfrutaba del calor del sol y un pájaro carpintero aleteaba en medio de aquel alboroto, alimentando con gusanos a sus crías ávidas de comida. Un gruñido de la loba convenció al pastor de que era mejor alejarse de allí, pero desde aquel día volvió a menudo a espiarlos.

Entre las cañas del lodazal también encontró la cesta y se la mostró a su mujer Acca.

—Mira. Esos niños han sido abandonados. Nosotros no tenemos hijos y siempre habíamos querido tenerlos. Quedémonoslos.

—¿No serán demasiado salvajes? —preguntó Acca, titubeante.

—En absoluto —sonrió Fáustulo—. Además son especiales, criados por una loba y un pájaro carpintero. Es una señal de los dioses.

—Está bien, esposo mío, tráelos aquí —aceptó Acca.

—Los llamaremos Rómulo y Remo —dijo Fáustulo.

Los gemelos se acostumbraron pronto a la nueva vida:
llamaban a los dos pastores «mamá» y «papá» y hacían
amistad con los niños de su edad. Comparados con los otros,
eran más fuertes. Siempre llegaban primero en las carreras
de velocidad, luchando no les ganaba nadie y tiraban las lanzas
a larguísimas distancias. Fáustulo estaba orgulloso de sus hijos
y a menudo les pedía que le ayudasen en los trabajos más duros.
A los pequeños les encantaba pasar los días en el bosque.
En aquellos tiempos, los campos estaban infestados de
bandidos que robaban el ganado. Rómulo y Remo se
camuflaban entre los árboles con sus amigos, se llevaban
el botín de los bandidos y lo devolvían a las pobres gentes.
Los «gemelos lobos» se habían convertido en héroes,
pero corrían extraños rumores
sobre ellos.

—Acca y Fáustulo no son sus verdaderos padres —decían algunos.

—¡De noche se transforman en lobos! —aseguraban otros.

—Son dioses, hijos del río Tíber —concluían muchos.

Una noche, mientras todos asistían a un banquete en honor del dios de los campos y de los rebaños, se oyó un grito:

—¡Socorro! ¡Socorro! ¡Al ladrón!

El que había gritado era un pastor: ¡los saqueadores le habían robado el ganado!

Rómulo y Remo salieron corriendo a perseguir a los ladrones. Decidieron dividirse, pero fue un error. Juntos eran invencibles, pero separados no, y sus enemigos lo sabían muy bien. Mientras Remo avanzaba sigilosamente por las calles de Alba Longa, los ladrones se abalanzaron sobre él y lo capturaron. Con las primeras luces del día fue llevado ante el rey Amulio.

«¿Así que este es uno de los hijos de Fáustulo?
No tiene el típico aspecto de los pastores», pensó el rey
al ver al chico que lo miraba fijamente con aire insolente.

—Y bien, ¿qué es lo que ha hecho? —preguntó Amulio.

Los ladrones acusaron a Remo de haber robado algunos
animales a Numitor, el hermano del rey que desde hacía
tiempo estaba exiliado.

—Entonces que sea el mismo Numitor quien lo juzgue.
Llamadlo aquí.

Para el anciano Numitor, volver a Alba Longa fue como
hurgar en una herida no cicatrizada, pero lo más increíble
fue ver al muchacho. ¡Remo se parecía muchísimo a Lauso,
su amado hijo muerto años antes!

Mientras tanto, Rómulo había vuelto a casa abatido:
le habían contado que su hermano estaba prisionero en
el palacio del rey.

Fáustulo reveló al hijo todo lo que sabía sobre su origen y le enseñó la cesta encontrada entre las cañas. Las vendas eran de lino puro y estaban finamente bordadas. Los gemelos procedían sin duda de una familia importante. En la mente de Rómulo se impuso un pensamiento: liberar a su hermano. Llamó a sus compañeros, que ahora ya eran muchos:

—Atacaremos por sorpresa.

Al cabo de poco, un guardia avisó a Amulio.

—Mi señor, el palacio está rodeado.

—¿Cómo? ¿Por quién? —gritó furioso el rey.

—Rómulo ha venido a liberar a su hermano.

—Matadlos a los dos, ¡ya me tienen harto!

—Imposible, señor, con él está toda Alba Longa.

Cuando Amulio miró fuera, comprendió que estaba perdido: los habitantes se aproximaban como un enjambre de abejas.

—¡Tirano! ¡Impostor! ¡Tú no eres nuestro rey! —gritaban.

Rómulo caminaba delante de todos y a su lado iba Fáustulo, que sujetaba la cesta. Amulio la reconoció: era la de los hijos de Rea Silvia. Pero entonces… ¡los gemelos habían sobrevivido!

Amulio huyó y nunca más se supo de él. Rómulo y Remo dejaron libre a Rea Silvia: la princesa lloró con cálidas lágrimas al abrazar a sus hijos, que daba por muertos. La multitud exultante aclamó a Numitor como único y legítimo rey.

RÓMULO,
EL PRIMER REY

Los campesinos trabajaban los campos, los pastores cuidaban los rebaños, el rey Numitor gobernaba con sabiduría, todo iba bien en la ciudad de Alba Longa.

Los gemelos Rómulo y Remo, sin embargo, eran muy revoltosos. Correteaban por los bosques, se ejercitaban en el tiro con arco, pero no estaban contentos. Numitor, su abuelo, los observaba preocupado: sabía que eran niños especiales y estaba convencido de que llevarían a cabo grandes hazañas. Alba Longa era un lugar demasiado tranquilo para ellos. Rómulo y Remo eran famosos entre los jóvenes, muchos llegaban de tierras cercanas para conocerlos y acababan quedándose en la ciudad. Las casas estaban todas ocupadas, no había suficientes camas para todo el mundo.

Un día, Numitor buscó a sus nietos y se los encontró en plena pelea. Durante una batida de caza con su pandilla de amigos, habían entrado en el campo de un campesino y le habían destruido la cosecha. El rey levantó los ojos al cielo: ¡sabía que tarde o temprano aquellos dos se meterían en algún lío! Prometió al campesino que lo resarciría, y después se llevó aparte a los gemelos.

—Nietos míos, sé muy bien que no sois felices. ¿Cómo podría ayudaros?

—Queremos irnos de aquí —respondieron los muchachos.

—Está bien, os daré ganado y sacos de trigo para que os los llevéis con vosotros, pero con una condición: también deberán acompañaros esos amigos vuestros tan pendencieros. Juntos fundaréis una nueva ciudad.

¡Era una magnífica idea! Los dos reunieron a sus seguidores
y emprendieron el camino. Se detuvieron en el claro donde
crecía la higuera de ramas retorcidas, el mismo lugar en el que
la loba los había encontrado y criado cuando eran pequeños.
Sin embargo, pronto empezaron los problemas.

Había que decidir dónde construir las primeras casas, y en
este punto tenían ideas distintas. Según Remo, el sitio ideal
era la cima de la colina del Aventino, pero Rómulo prefería
una colina más lejana, el Palatino, que según él tenía una
mejor situación y permitía dominar el valle.

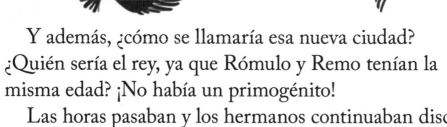

Y además, ¿cómo se llamaría esa nueva ciudad? ¿Quién sería el rey, ya que Rómulo y Remo tenían la misma edad? ¡No había un primogénito!

Las horas pasaban y los hermanos continuaban discutiendo. Sus seguidores también estaban divididos: había quienes eran leales a Rómulo y otros que apoyaban a Remo. Todos se miraban llenos de rabia, como ejércitos rivales.

Rómulo, que era el más agudo de los dos, tuvo una idea.

—Serán los dioses los que indicarán el nombre del nuevo rey —declaró con solemnidad.

—Bravo, ¿y cómo piensas hablar con ellos? —preguntó Remo en tono de burla.

—Bastará con leer las señales del cielo: las aves portarán el mensaje de los dioses. Aquel de los dos que consiga ver el mayor número de buitres hasta la puesta de sol será el que fundará la nueva ciudad y será el rey.

Abriéndose paso entre los matorrales con dos largos bastones, los gemelos subieron a las colinas. Rómulo se sentó en la cumbre del Palatino y Remo, en el Aventino.

El cielo se coloreaba de rojo. Levantaron los bastones hacia el cielo y dibujaron un círculo imaginario en el aire para delimitar el espacio. Era la hora de la verdad: podían empezar a contar.

—¡Seis buitres allí! —El grito de un seguidor de Remo rompió el silencio. Mientras, el sol desapareció entre los árboles.

—Habéis perdido, Rómulo ha visto a doce buitres —contestó una voz desde la otra posición.

—¡Imposible! Nosotros lo hemos anunciado primero, ha ganado Remo.

—Doce son el doble. ¡Rómulo será el rey!

—¡Es trampa, el sol ya se había puesto!

Nadie quería reconocer la victoria del otro. Al día siguiente, al amanecer, el ambiente seguía muy tenso, pero Rómulo era muy testarudo y decidió empezar a trabajar.

—Fundaremos la ciudad y la llamaremos Roma.

Cogió a dos bueyes blancos, los ató a un arado y trazó un profundo surco en la colina: en aquel punto se levantarían las murallas. Mientras tanto, sus partidarios

se ponían manos a la obra y reunían piedras que encontraban en la orilla del río.

Furioso, Remo observaba aquel bullicio de gente trabajando con los puños cerrados y la mirada encendida. Los de su grupo lo animaban a vengarse: Rómulo había ganado con triquiñuelas, ¡él era el legítimo rey!

Armado con la espada, Remo se acercó a la zona donde excavaban y empezó a burlarse de su hermano.

—¿Estas son las murallas de una ciudad? ¡Si hasta un crío las puede superar!

Y se puso a saltar de un lado a otro del muro en construcción, desenvainando la espada en señal de desprecio.

—Detente —le ordenó Rómulo.

Por toda respuesta, Remo hizo caer algunas piedras con un golpe de espada. Los seguidores de Rómulo gritaron: ¡había que reaccionar ante aquella ofensa!

Empezaron a llover puñetazos, empujones, patadas, hasta que los gemelos se encontraron cara a cara. Remo desenfundó la espada, Rómulo esquivó un mandoble, se giró, cogió una piedra enorme y la arrojó contra su hermano con todas sus fuerzas. Remo cayó al suelo sin vida.

¡Rómulo nunca imaginó que acabaría así! La rabia había podido con él, pero ya no había vuelta atrás. Tenía que mostrarse superior, como un rey. Reprimió las lágrimas.

—¡Se ha hecho justicia! ¡Viva el rey Rómulo! —gritaban sus partidarios. Rómulo abrió los brazos y proclamó—: De ahora en adelante, aquel que ose cruzar las murallas de mi ciudad morirá.

Después agarró el bastón que había utilizado para percibir las señales de los dioses y, con una fuerza extraordinaria, lo clavó en el suelo. La madera se transformó en un árbol repleto de flores. Largas raíces se multiplicaron en la tierra, ramas frondosas ascendieron al cielo. Era el 21 de abril, el primer día de Roma.

El coraje
de
Ersilia

Roma crecía. Cada día llegaba gente: alfareros, hortelanos, herreros, albañiles, mesoneros, cocineros dejaban las tierras vecinas para marcharse a vivir a la ciudad. Rómulo prometía a todo el mundo trabajo y libertad. Aquellos que habían sido esclavos quedaban libres, los que habían tenido problemas con la justicia eran perdonados. Pero el soberano pensaba que algo no iba bien: los nuevos habitantes eran únicamente hombres, faltaban las mujeres y no nacían niños.

—Una ciudad sin niños no tiene futuro —sentenció.

—¡Rómulo tiene razón! —asintieron sus compañeros—.
¿A quién dejaremos las casas, las plazas y los templos?
Trabajaremos toda la vida para nada.

Los romanos decidieron ir a los pueblos vecinos a pedir mujeres,
prometiendo a cambio alianzas e intercambios. Fueron muchos
los que partieron, pero volvieron cabizbajos y sin prometidas.

—Los padres de las muchachas no quieren saber nada de
nosotros. Dicen que somos bandidos, vagabundos llegados
de quién sabe dónde.

Rómulo se puso hecho una furia.

—¿No nos quieren dar a las mujeres? Pues nos las llevaremos. Tengo un plan.

Una gran fiesta, esa era la idea del rey. Se anunció un día de desfiles, torneos y carreras de caballos. La noticia llegó a oídos de los sabinos, que vivían cerca. Pocas veces se desplazaban, pero la idea de asistir a los juegos era demasiado tentadora, de modo que salieron acompañados de sus mujeres, hijas y hermanas. Al llegar a Roma, se quedaron boquiabiertos: la ciudad era magnífica, con calles anchas llenas de tiendas de todo tipo. ¡Y luego estaban sus habitantes! ¡Nunca se habían visto unas gentes tan amables y hospitalarias!

Empezaron las carreras y las familias sabinas tomaron asiento entre el público. Las jóvenes vibraban de emoción. Desde la tribuna, el rey Rómulo destacaba sobre los demás, envuelto en una capa roja púrpura.

La carrera dio inicio, los ojos de los espectadores estaban centrados en la prueba. De repente, Rómulo se quitó la capa, la dobló y luego se la volvió a poner. Era una señal.

Los jinetes romanos abandonaron el recorrido, saltaron las vallas que los separaban del público y se abalanzaron sobre las chicas, las cargaron en los caballos y se las llevaron entre el desconcierto de padres y hermanos. Se produjeron enfrentamientos y luchas, pero pronto los sabinos tuvieron que rendirse y regresar a sus tierras. Mientras tanto, en una estancia del palacio real, las jóvenes se apretaban entre sí como cachorros asustados. Cuando se abrió la puerta, lanzaron un grito. La sombra del rey se alargaba en la pared y hacía que pareciera un gigante.

Ersilia, valiente y determinada, dio un paso adelante.

—Sabemos por qué nos habéis raptado —dijo—. Queréis que seamos vuestras mujeres, pero olvidaros de eso.

Rómulo, impresionado por las palabras de aquella joven, le explicó que los romanos harían lo imposible para que ella y sus amigas cambiaran de idea.

Pasaron los días, las sabinas empezaron a salir para explorar salas y pasillos, hasta que se cruzaron con las miradas de los guerreros romanos. No eran tan diferentes de los sabinos, quizás algo más rudos, pero se mostraban amables.

A base de atenciones, los romanos se hicieron perdonar y, con la llegada de la primavera, las jóvenes se prometieron con ellos. Se celebró también la primera boda, que tuvo lugar entre Ersilia y Rómulo. Los sabinos, sin embargo, no habían olvidado el rapto y planeaban venganza. En su ayuda llamaron a Tito Tacio, el rey guerrero de la ciudad de Cures, que con su ejército se puso en camino hacia Roma.

Ya a las puertas de la ciudad, Tito se dio cuenta de
que no sería fácil atacarla, ya que las murallas eran muy
altas. Debía encontrar el modo de entrar a escondidas…
Como un águila posada en una montaña, en la colina
del Capitolio se elevaba una fortaleza inexpugnable. En
su interior vivían el guardián de la ciudadela y su hija.

La muchacha, que se llamaba Tarpeia, era muy curiosa y una mañana salió de las murallas para ver de cerca a los soldados sabinos. ¡Qué guapos eran! Llevaban grandes brazales, yelmos refulgentes y escudos dorados. Tito Tacio advirtió la mirada de la joven y le dijo:

—Veo que te gustan nuestros ornamentos.

—Oh, sí, son magníficos —contestó Tarpeia, que sentía debilidad por las joyas.

—Si quieres, tú también los podrías tener. Pero a cambio me tendrías que hacer un favor. He visto que has salido de la fortaleza… Necesitaría entrar para dar un paseo.

—¿Y a cambio me darías tus brazales?

—Te traeremos los que quieras. Encontrémonos esta noche en la puerta oeste.

A la hora convenida, la simple Tarpeia abrió la puerta de la fortaleza a los soldados enemigos. Tito Tacio le lanzó una mirada de desprecio e hizo una señal a los suyos. Los sabinos se quitaron los escudos y los brazales y los arrojaron encima de la muchacha, uno a uno. Eran objetos que pesaban mucho. Tarpeia, que había traicionado a su pueblo, quedó sepultada y perdió la vida.

Al amanecer, por las calles de Roma se dio la voz de alarma. ¡El ejército enemigo había entrado en la ciudad! Mientras los romanos se preparaban para el ataque, Ersilia reunía a sus amigas.

—Nosotras las sabinas estamos casadas y hay muchas que tienen hijos. ¡No podemos permitir esta guerra!

Las mujeres llegaron a la colina del Palatino, donde arreciaba la batalla. Abrazadas a los niños, avanzaron en medio de los combates. Cayó el silencio. Los soldados estaban perplejos ante aquella escena tan insólita. Ersilia habló sin titubear:

—¡Mirad bien a estos niños! Se parecen a vosotros, romanos, porque son vuestros hijos. Pero también se parecen a vosotros, sabinos, porque son vuestros sobrinos. ¡Nuestros pueblos están unidos por siempre! ¡Bajad las armas!

Admirado por el coraje de su esposa, Rómulo dejó caer la espada, gesto que fue seguido por los soldados de los dos ejércitos. Los niños sonrieron, los sabinos corrieron a abrazar a sus sobrinos que no habían conocido todavía y a partir de aquel momento los dos pueblos se convirtieron en aliados.

Desde entonces, todos los años se celebró la fiesta de la Matronalia. Se llevaban flores al templo de Juno, la diosa de la maternidad, y se conmemoraba aquel día de marzo. La guerra había terminado gracias a las mujeres, las verdaderas heroínas de Roma.

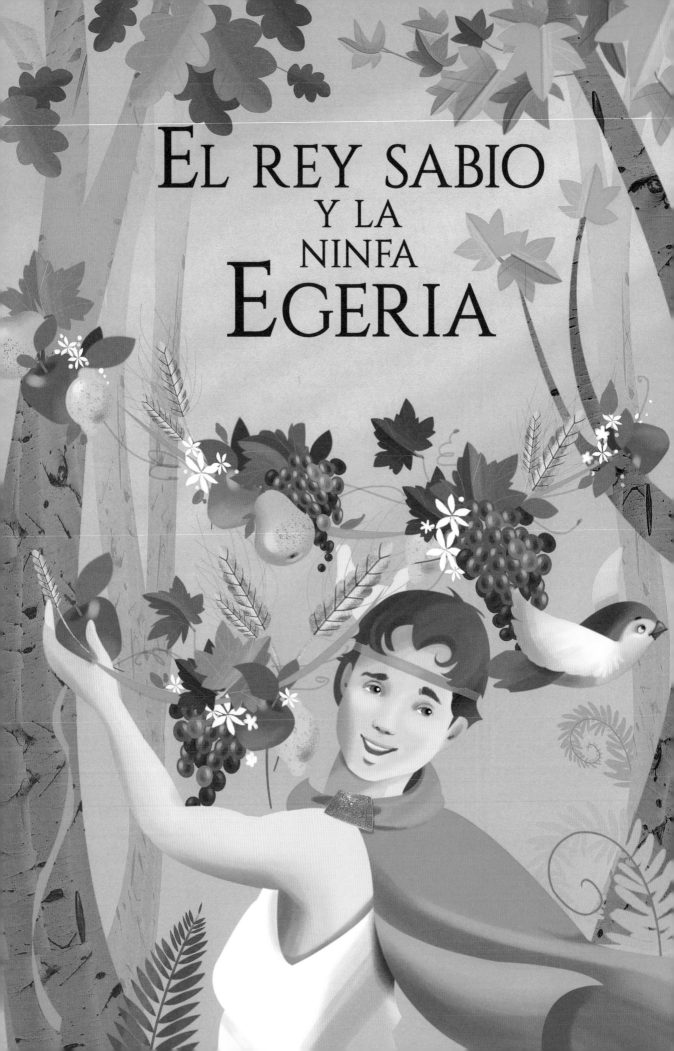

El rey sabio
y la
ninfa
Egeria

Numa Pompilio era un muchacho distinto a los de su edad. Mientras ellos solo querían ser guerreros, a él le encantaba pasear por los bosques, donde podía contemplar la naturaleza y llevar ofrendas a los dioses, colgando guirnaldas de frutas y espigas de trigo en las ramas de los árboles.

Un día, durante uno de sus paseos, Numa oyó una voz melodiosa que cantaba. Era Egeria, una ninfa de los manantiales. Numa se acercó a la fuente donde ella estaba tejiendo un collar de algas y perlas de río. Tenía los ojos verdes esmeralda, la piel muy blanca y era muy inteligente. Los dos hablaron durante un largo rato.

Pasaron los días, Numa y Egeria se enamoraron y se convirtieron en marido y mujer. Mientras tanto, en Roma, el rey Rómulo había desaparecido, desvaneciéndose en una noche de tormenta. La ciudad necesitaba un nuevo rey y los sabios del templo se reunieron para encontrar una solución.

—Roma ha crecido mucho, hace falta alguien que garantice la paz con los pueblos vecinos —anunció un anciano.

—Conozco a la persona idónea —intervino otro—. Numa Pompilio.

—¡Sí, tiene razón! ¡Vayamos a buscarlo! —respondieron todos.

Los mensajeros lo encontraron, cómo no, en el bosque. Cuando le explicaron que lo querían como rey, el joven pareció confundido:

—No soy la persona idónea: los reyes tienen que dirigir ejércitos, y yo no haría daño ni a una mosca —aseguró.

Pero los mensajeros insistieron tanto, que al fin Numa se dejó convencer.

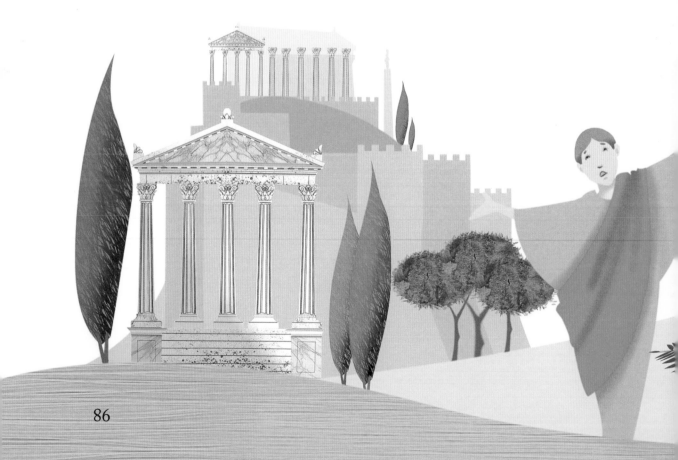

Desde entonces tuvo dos casas: un palacio en la ciudad y una cueva bajo la cascada, donde podía pasar horas felices con Egeria. En Roma muchos decían que Numa no gobernaba solo, que quien mandaba era aquella extraña mujer que no se dejaba ver nunca. En cierto modo era verdad: cuando él tenía una duda le consultaba a la ninfa, que siempre le daba consejos útiles. Llegaron días de fuerte viento, relámpagos, rayos y tormentas. Los campos estaban inundados, el caudal del río Tíber crecía cada vez más, y la gente permanecía en sus casas aterrorizada. Bajo la lluvia torrencial, con el calzado lleno de barro y la túnica empapada, Numa corrió a ver a Egeria para pedirle ayuda.

La ninfa reflexionó un instante y después sentenció:

—Júpiter está enfadado con los mortales, por eso sigue lanzando sus rayos. Para detenerlo deberás hacerle un regalo.

—Haré lo que sea. Pero dime, ¿cómo puedo hablar con él, si es el rey de los dioses? —preguntó Numa, vacilante.

—Solo Pico y Fauno pueden saberlo —reveló Egeria.

Eran divinidades de las selvas con aspecto mitad humano mitad animal. Eran astutos, y se divertían escondiéndose en los bosques. No era fácil dar con ellos, pero Numa tuvo una idea. Cogió dos jarras de hidromiel, una bebida con un poco de alcohol que los dioses adoraban, y las dejó a la vista bajo un roble. Atraído por el aroma del licor, saltando sobre sus patas de macho cabrío, Fauno se acercó y cogió una de las jarras. Pronto, con el cuerpo cubierto de plumas coloreadas como las del pájaro carpintero, apareció también Pico, que se llevó la otra jarra de hidromiel. Aturdidos por el alcohol, los dos se quedaron dormidos, roncando ruidosamente, y Numa aprovechó la ocasión para atarlos.

Cuando Fauno y Pico se despertaron, empezaron a lamentarse. Numa los observaba con aire socarrón.

—Si queréis que os deje libres, tendréis que decirme qué debo hacer para hablar con Júpiter.

—Nosotros no lo sabemos, ¿por quién nos has tomado? —refunfuñaron los dos.

—Qué lástima. Entonces seguiréis aquí prisioneros —concluyó el rey.

Las dos criaturas se miraron: quizá sería mejor rendirse. A voces, dirigiéndose hacia el cielo, recitaron una fórmula para invocar al dios. Entonces se oyó un fuerte estruendo.

Numa miró hacia arriba y vio una escena increíble: unas manos enormes abrieron una nube cargada de lluvia y en el centro apareció Júpiter, con la barba ondulante como un cúmulo de niebla.

—¿Quién me llama? —clamó el rey de los dioses, molesto.

—Oh, Júpiter, soy el rey de Roma. Te lo suplico, no arrojes más rayos sobre mi ciudad. A cambio te daré lo que me pidas.

—De acuerdo —sonrió Júpiter—, quiero una cabeza.

El pobre Numa palideció: ¡la petición era demasiado cruel!

—Como quieras. Te daré una cabeza de cebolla de mi huerto —contestó ingenuamente.

—¡Ah, no! Tiene que ser la de un hombre —rugió el rey de los dioses.

—Perfecto. Te daré su cabello, pues —insistió Numa.

—¡Con eso no me basta! —gritó Júpiter, furioso—. ¡Quiero una vida!

—Te la daré. Tendrás la vida de un pez —contestó Numa Pompilio como si nada.

Júpiter nunca había conocido a un humano tan testarudo y hábil hablando: ¡estaba tan asombrado que le dieron ganas de reír! Rio a mandíbula batiente, y su buen humor se propagó en el aire hasta hacer desaparecer las nubes. Poco a poco, en el cielo azul se abrió paso otra vez el sol. Y así fue como aquel día el sabio Numa logró aplacar la ira de Júpiter.

Desde entonces los romanos, en recuerdo de aquel episodio, donaron cebollas y peces a los dioses. Amado y venerado por todos, Numa Pompilio reinó durante muchos años. Al morir, ya viejo, su mujer Egeria, que como ninfa era inmortal, lloró con desesperación día y noche sin encontrar consuelo. Diana, la diosa de los bosques, la oyó y, compadeciéndose de ella, la transformó en un manantial de agua perenne.

La astucia
de
Publio

La guerra se recrudecía a las puertas de Roma. El rey Tulo Hostilio andaba preocupado, sus soldados estaban cansados y debilitados después de meses de combates contra el pueblo albano, no podían seguir así. Pidió, pues, reunirse con el comandante enemigo, que se llamaba Mecio Fufecio.

Los dos se encontraron frente a frente, con los estandartes de los ejércitos que ondeaban al viento.

—Esta guerra nos está costando demasiadas víctimas —declaró Tulo Hostilio.

—Te hago una propuesta —dijo Mecio Fufecio—. Que sea un duelo el que decida la suerte de la guerra. Tres de los nuestros contra tres de los vuestros. Quien gane llevará la victoria a su pueblo.

—Me parece una buena idea, pero el enfrentamiento entre guerreros deberá ser en igualdad de condiciones —accedió el rey.

Los soldados ideales para este reto eran los tres gemelos romanos hijos de Horacio y los tres gemelos albanos hijos de Curiacio. Tenían la misma edad e incluso eran amigos. Desde pequeños habían compartido su tiempo jugando, nadando en el río o correteando por los bosques, sin peleas ni preocupaciones. Pero ahora el destino de la guerra dependía de ellos: debían luchar.

Al amanecer del día siguiente, Horacio y Curiacio dejaron sus respectivas tropas y avanzaron en medio del campo de batalla. Antes de dar inicio al duelo, se abrazaron y se despidieron con gritos de alegría. Después se separaron, se pusieron los yelmos y empuñaron sus lanzas y escudos.

A partir de aquel momento dejaron de ser amigos y se lanzaron unos contra otros, repartiéndose mandobles y esquivando golpes. La lucha era tan encarnizada y los jóvenes tan parecidos entre ellos que era imposible saber quién estaba ganando.

—¡Horacios! ¡Horacios! —animaban los romanos.

—¡Ánimo, curiacios! —exhortaban los albanos.

Finalmente se pudo empezar a distinguir algo en aquella batalla… ¡y había heridos! Uno de los curiacios cojeaba, otro perdía sangre de un costado y a otro lo habían herido en la espalda. Parecían a punto de desplomarse en el suelo, pero de repente se recuperaron y, luchando, se lanzaron sobre dos adversarios y los hirieron mortalmente. Dos horacios cayeron al suelo sin vida. Entre el público romano se hizo el silencio.

Solo había quedado vivo uno de los
horacios, Publio. Eran tres contra uno.

Entre la muchedumbre algunos empezaron a llorar,
otros se cubrieron el rostro. Tulo Hostilio también
estaba horrorizado. Los curiacios, implacables,
miraban fijamente a Publio, saboreando la
victoria para los albanos. El último de los
horacios estaba acabado. Pero entonces
ocurrió algo inesperado.

De repente Publio empezó a correr y escapó, rápido como el viento, esquivando al público y lanzándose a campo abierto.

Cogidos por sorpresa, los curiacios emprendieron la persecución: ¡había que atraparlo! Pero no era fácil, porque los tres estaban heridos y habían perdido mucha sangre, y Publio ya se había alejado mucho. Se dio la vuelta para comprobar dónde estaban sus adversarios y los vio afanándose para lograr darle alcance. No iban en grupo, avanzaban desperdigados, lejos unos de otros. Justo lo que él pretendía. Huyendo y obligándoles a perseguirlo, había logrado dividir a los curiacios.

Ahora podía enfrentarse a ellos de uno en uno.

Volvió atrás para lanzarse al ataque.

El primero de los curiacios se encontró a Publio de frente con la espada desenfundada, trató de defenderse, pero en seguida cayó al suelo sin vida. El segundo, que llegó poco después, también tuvo el mismo final. Ahora, horacios y curiacios estaban igualados otra vez, uno contra uno. Pero Publio sabía que disponía de ventaja, porque su adversario estaba muy debilitado.

Consiguió inmovilizarlo y apuntó su espada a la garganta del horacio. En aquel momento le asaltaron las dudas: no quería matarlo, perdonaría al menos a aquel último adversario. Lanzó un vistazo hacia su gente. El rey Tulo lo miraba fijamente con ojos enardecidos y le hizo gesto de proseguir: ahora no podía detenerse, la victoria de Roma debía ser total.

Con gran pesar, Publio atravesó al último de los curiacios.
En medio del júbilo de los romanos fue declarado el final de
la guerra. Los territorios albanos pasaron a ser dominados
por Roma y empezó un período de paz.

Los soldados que habían luchado en aquel glorioso duelo
fueron enterrados en las tierras fronterizas entre Roma y Alba,
como héroes de ambos pueblos.

Publio, que había logrado cambiar el destino de la ciudad,
vivió durante mucho tiempo, se casó, fue padre y después
abuelo, y siempre estaba rodeado de hijos y nietos que le pedían
que relatara los acontecimientos de aquel día. Él los narraba con
todo lujo de detalle, no omitía nada: el color del cielo, el olor de
la tierra, las armas relucientes, el coraje, el miedo y la fuerza.

En los ojos embelesados de los niños que lo escuchaban le parecía ver los de sus amigos y hermanos. Antes de convertirse en guerreros, ellos también habían sido jóvenes que disfrutaban oyendo historias. Aunque le envolvía una gran tristeza, al recordar su valentía sentía como si los horacios y los curiacios todavía estuvieran vivos.

MUCIO ESCÉVOLA
Y LA PRUEBA DEL
FUEGO

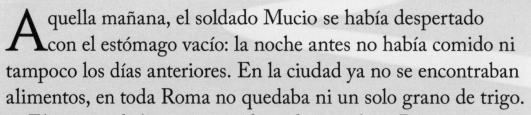

Aquella mañana, el soldado Mucio se había despertado con el estómago vacío: la noche antes no había comido ni tampoco los días anteriores. En la ciudad ya no se encontraban alimentos, en toda Roma no quedaba ni un solo grano de trigo.

El ejército de los etruscos, dirigido por el rey Porsena, ponía cerco a la ciudad y no permitía a los campesinos ni a los pastores cruzar las murallas para vender sus productos. El joven Mucio tenía un plan que había madurado durante largo tiempo: quería hacer algo por su gente.

«Mataré a Porsena», pensó. «Cuando muera el rey, los etruscos volverán a sus tierras y Roma será libre.»

Se detuvo en las inmediaciones de una cabaña de madera a orillas del Tíber. Allí dentro había escondido todo lo que necesitaba para vestirse como un etrusco y poder entrar en el campamento enemigo: se puso una túnica corta, una capa circular y un gorro puntiagudo según la moda entre aquellas gentes. Contempló satisfecho su imagen reflejada en el río: ¡sin lugar a duda parecía uno de ellos! Emprendió el camino repitiendo mentalmente algunas palabras en lengua etrusca: las había aprendido de su niñera, que pertenecía a aquel pueblo.

Al llegar a la zona ocupada por el ejército de Porsena, vio un gran ir y venir de gente. Los soldados salían de sus tiendas de campaña e iban con aire alegre hacia un mismo lugar. En seguida lo entendió: era el día de la paga, y todos se dirigían a cobrar el salario. «Voy a seguirlos», pensó Mucio, «así seguro que llegaré hasta el rey.» Confundido entre la multitud, llegó al centro del campamento, donde se levantaba una gran tienda con la entrada abierta.

Allí estaban sentados dos personajes: uno era un individuo robusto y musculoso, el otro era más alto, con la barba y el pelo rizados. Mucio los observó con atención: tenían un aire aristocrático, los dos llevaban una capa de color rojo púrpura, típica de las personas importantes.

Apretando la espada escondida bajo la túnica, dudó unos instantes: ¿quién de los dos era el rey? Entonces vio que los soldados se dirigían al que era más bajo y le preguntaban algo. «Él es el rey, no hay duda», concluyó Mucio. Se abrió paso entre la muchedumbre y, veloz como una liebre, desenfundó la espada y asestó un golpe al más fortachón, que cayó muerto al suelo.

Los gritos de pánico se propagaron por la tienda, todo el mundo retrocedió formando un círculo en torno a Mucio, que permaneció de pie, inmóvil como una estatua, empuñando la espada ensangrentada.

—Traédmelo —ordenó el tipo de la barba.

En aquel momento, al oír la voz severa y dotada de autoridad del hombre, Mucio se dio cuenta de que se había equivocado: ¡a quien había apuñalado no era al rey!

—Dime la verdad, ¿pensabas matarme a mí? ¡Has atacado a un alto funcionario mío! —dijo Porsena con los ojos encendidos de odio.

—Sí —respondió Mucio—, y espero tu castigo, pues soy un soldado romano y no le temo a nada.

—Puede que te arrepientas de tus palabras —dijo riéndose el rey.

Fue entonces cuando Mucio hizo algo inesperado. Se acercó a un gran brasero donde ardía un fuego que iluminaba el interior de la tienda de campaña y puso su mano derecha encima, manteniéndola quieta sobre las brasas ardientes sin quejarse en ningún momento.

—Mi mano ha errado en su golpe mortal y yo la castigo —proclamó—. ¿Me crees ahora? Para un romano el dolor no significa nada.

Aquel gesto temerario surtió un gran efecto. Porsena se quedó boquiabierto: estaba tan asombrado por el valor de Mucio que decidió dejarlo libre y permitir que regresara a Roma.

El joven, sin embargo, no era de los que se rendía fácilmente: no quería volver a la ciudad sin haber obtenido algo para su pueblo. Siempre había tenido facilidad de palabra; así pues, decidió impresionar al rey.

—Debes saber que en Roma hay al menos unos trescientos jóvenes dispuestos a matarte —declaró con orgullo—. Juramos hacerlo y a mí me tocó a suertes ser el primero. Hoy he fallado, pero tarde o temprano alguno de mis compañeros lo conseguirá. Porque nosotros los romanos no nos rendimos nunca.

Obviamente, los trescientos jóvenes no existían: Mucio no había revelado a nadie sus planes, simplemente estaba improvisando.

Porsena escuchó atentamente. «Si los trescientos muchachos son fuertes y valientes como este, mi vida corre un serio peligro», pensó. «Quizás me convendría llegar a un acuerdo con los romanos.» Para sorpresa de su ejército, anunció que enviaría a los embajadores a Roma para establecer una tregua.

—Esta guerra ha durado demasiado —concluyó. Y así fue como Mucio regresó a su casa acompañado de tres embajadores del rey enemigo.

Aclamado por sus conciudadanos, condujo a los emisarios hasta el Senado, donde fueron recibidos por los hombres que gobernaban la ciudad. Pronto se llegó a un acuerdo y los etruscos volvieron a sus tierras y liberaron Roma del asedio.

Como agradecimiento al joven que había salvado a los habitantes de la ciudad, el Senado regaló a Mucio una parcela de terreno cercana al río, y el soldado se trasladó allí con su familia.

Cada día, los ciudadanos pasaban por allá para saludarlo.
Siempre lo encontraban ocupado cavando en su huerto,
labrando la tierra o llevando comida a los animales. Todo
lo hacía con la mano izquierda. El joven había tenido que
acostumbrarse a ello, pues desde que la había puesto
entre las llamas del brasero, ya no podía utilizar la derecha.
Por eso desde entonces todos lo conocemos con el nombre
de Escévola el Zurdo.

La hazaña
de
Horacio Cocles

Horacio había luchado en muchas batallas,
era muy aguerrido y no había nada que lo asustase.
Lo llamaban «Cocles», que en latín significa «de un solo ojo»,
un apodo con el que fue conocido después de quedarse tuerto
tras un largo combate.

Eran tiempos difíciles: el rey etrusco Porsena
había declarado la guerra a Roma y se preparaba para
atacarla. Murallas altas e infranqueables rodeaban
la ciudad. Las aguas profundas del Tíber también la
protegían, pero había un puente, llamado Sublicio,
que llevaba directamente junto a las casas. Los
enemigos quizás intentarían entrar por allí.

Un día, Horacio Cocles estaba de centinela, vigilando para informar sobre cualquier movimiento. De repente vio a los soldados de Porsena: habían ocupado la colina del Janículo y estaban preparándose para atacar la ciudad.

Bajó corriendo y apremió a sus compañeros. Tenían que controlar el puente para impedir que los etruscos lo pudieran cruzar. Los romanos se situaron en la entrada del mismo con los escudos cerrados, dispuestos a resistir. A lo lejos se oían los pasos de los enemigos que se aproximaban y las órdenes de sus oficiales. Al cabo de poco, los etruscos llegaron a la otra orilla del río. Eran muchos, tenían lanzas muy afiladas y marchaban animándose entre ellos con gritos espantosos.

Una ola de pánico se extendió entre los romanos, que empezaron a retroceder, replegándose hacia la entrada del puente. Al ver que los suyos se alejaban, Horacio gritó con todas sus fuerzas:

—¡No volváis atrás! ¡Si os refugiáis en la ciudad, los enemigos pasarán y estaremos perdidos!

—¡Son demasiados, no lo lograremos! —gritaban los soldados.

—Sí, pero deberemos hundir el puente. Empezad a derribarlo, yo los mantendré distraídos. ¡Rápido!

Sus compañeros casi no tuvieron tiempo de responder: Horacio salió disparado y empezó a correr hacia la orilla opuesta.

Mientras los soldados comenzaban a destruir el puente a golpes de pico, Horacio se plantó frente a los guerreros etruscos.

Durante un momento se quedó inmóvil y los observó altivo. Era él solo contra muchos.

Entonces desenfundó la espada, empuñó el escudo y se preparó para el combate.

Mientras tanto, hacia la orilla, el puente caía piedra a piedra bajo los golpes de los romanos.

—¡Horacio! Tienes que volver atrás, dentro de poco se derrumbará. ¡Date prisa! —gritó Tito, uno de sus compañeros.

—¡No puedo hacerlo, me seguirían! Es mejor morir luchando que vivir en una Roma ocupada por un rey usurpador —contestó Horacio.

Dicho esto, siguió batallando y resistiendo con la fuerza de un león. Tenía los brazos ensangrentados, una herida en la pantorrilla y el escudo atravesado por las lanzas de los enemigos. Un estrépito anunció el hundimiento definitivo del puente.

Los compañeros miraron desconsolados a Horacio: no tenía escapatoria. Delante de él estaba el ejército etrusco, y a su espalda discurrían las aguas impetuosas del Tíber.

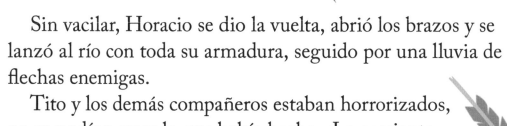

Sin vacilar, Horacio se dio la vuelta, abrió los brazos y se lanzó al río con toda su armadura, seguido por una lluvia de flechas enemigas.

Tito y los demás compañeros estaban horrorizados, no se podían creer lo que había hecho. ¡La corriente lo arrastraría!

Estaban ya regresando a la ciudad para anunciar la muerte del valiente soldado cuando un muchacho que caminaba por la orilla se puso a gritar:

—¡Allí, allí hay alguien!

Agarrado a un tronco, Horacio flotaba en la superficie del río. ¡Estaba malherido, pero había sobrevivido!

Poco después, el hombre salvado de las aguas fue llevado a hombros hasta la ciudad.

Los ciudadanos, entre grandes celebraciones, le ofrecieron regalos y los senadores lo recibieron en la plaza del foro. Todo el mundo quería verlo de cerca.

Gracias a su gesto, se había podido detener el avance del enemigo y Roma era libre otra vez. Horacio Cocles era un héroe, su nombre jamás caería en el olvido.

CLELIA
SIN MIEDO

Amanecía en Roma. Clelia se desperezó bajo las sábanas, disfrutando de los últimos momentos de descanso. Los siervos ya estaban realizando sus tareas: unos limpiaban el depósito de aguas pluviales en el centro del porche, otros preparaban pan, miel y frutos secos para el desayuno. Después, de repente, oyó algo inusual: la puerta principal que se abría, algunos pasos, y también a sus padres hablando acaloradamente con un personaje desconocido. Saltó de la cama y se puso a escuchar.

—Esta guerra se está prolongando demasiado —decía el hombre con voz muy seria.

Clelia, asomándose un poco, logró entrever el calzado habitual de los oficiales. ¿Qué hacía un militar en su casa?

—Sé que el rey Porsena, nuestro enemigo, nos ha ofrecido una tregua —añadió el padre de Clelia.

—Es cierto, pero a cambio pide rehenes. Antes de hablar de paz, debemos enviarle jóvenes de nuestras mejores familias al campamento enemigo —continuó el oficial.

El padre de Clelia contestó solamente:

—Ya entiendo. También queréis a mi hija —y la madre dejó escapar un gemido de dolor.

Al cabo de poco, Clelia se encontraba ya en la calle principal junto con los demás rehenes, todos muy jóvenes. A algunas chicas las conocía de vista; como ella, eran hijas de patricios, los hombres más nobles de la ciudad. A los chicos, al contrario, no los había visto nunca: eran poco más que niños y miraban desconcertados a su alrededor, con los ojos llenos de lágrimas, sin entender lo que estaba sucediendo.

En medio de la multitud que presenciaba la marcha de los jóvenes también estaba su madre. Levantó una mano en señal de despedida, esforzándose en sonreír para no asustar a su hija.

—Todo irá bien —susurró con un hilo de voz.

Después el cortejo de jóvenes salió por las puertas de la ciudad. Cuando llegaron al campamento de los etruscos, Clelia se dio cuenta de que los enemigos estaban preparándolo todo para marcharse: desmontaban tiendas y cargaban mercancías en los carros. Partirían hacia sus tierras y se los llevarían consigo. Se giró: a sus espaldas el Tíber discurría turbulentamente y a lo lejos se recortaba la silueta de las murallas de Roma.

El corazón le dio un vuelco: no quería dejar su ciudad. Entonces se dirigió a sus compañeras:

—Los etruscos están distraídos, volvamos a casa nadando.

—¿Estás loca? ¡Nos ahogaríamos todas! —respondieron sus amigas.

—¿Preferís seguir siendo prisioneras? —las exhortó Clelia—. ¡Nos llevarán muy lejos de nuestras familias! No voy a consentirlo.

Dicho esto, cogió carrerilla y se lanzó al río. Ninguna de sus compañeras pensaba que tendría valor para hacerlo. Pero al verla nadar hacia la otra orilla, ellas también se tiraron al agua. Cuando los soldados etruscos se percataron de la fuga, ya era demasiado tarde.

Con los vestidos mojados y el pelo chorreando, Clelia y sus amigas regresaron a la ciudad, en medio de las miradas de asombro de la gente. Se sentían observadas, pero no solo porque habían salido del río, había algo más. Un cónsul a caballo se detuvo delante de ellas.

—No deberíais haber huido. ¡Sois rehenes! —afirmó molesto—. Porsena creerá que hemos roto los acuerdos y volverá a declararnos la guerra. Os llevaremos ahora mismo hasta allí.

La idea de volver al campamento enemigo hacía temblar a Clelia, pero no podía ofrecer resistencia.

Acompañadas por algunos embajadores, las chicas retornaron a la zona controlada por los etruscos. Con su armadura refulgente, el yelmo de plumas rojas y una expresión nerviosa, Porsena esperaba a los rehenes.

—¿Creíais que podíais romper lo establecido? Lo que habéis hecho os podría costar muy caro —afirmó amenazante.

¿Qué haría el poderoso soberano de los etruscos? ¿Castigaría a las jóvenes? ¿Declararía otra vez la guerra?

131

Clelia declaró con orgullo:

—La huida ha sido idea mía.

—Has arriesgado la vida para volver a tu ciudad, eres muy valiente —dijo el rey, impresionado—. En cuanto a los romanos, debo reconocer que han sido leales, os han traído de nuevo hasta aquí.

—Castígame a mí, pero a nadie más —insistió Clelia.

—No te castigaré. Admiro a las personas que no se amilanan ante nada. Tu valentía será premiada: pídeme lo que quieras.

—Te ruego que dejes en libertad a los niños, son demasiado pequeños para estar lejos de sus madres —dijo Clelia sin vacilar.

Fuerte, audaz y generosa, ¡aquella muchacha era una auténtica heroína! Las palabras de Clelia calaron tan hondo en Porsena que este decidió liberar a todos los rehenes, del primero al último.

Como señal de su estima, regaló a la joven un espléndido caballo de combate que Clelia montó hasta Roma, donde fue recibida por una multitud entusiasta. Entre besos, lágrimas y sonrisas, los padres pudieron abrazar de nuevo a sus hijos y celebrar así el fin de la guerra.

Desde entonces, la joven que había desafiado a Porsena se hizo tan famosa que en su honor se construyó una estatua. En la Vía Sacra, flanqueada por una gran cantidad de hombres ilustres, Clelia era la única mujer. Erguida sobre su corcel, firme y con la mirada más allá del río. Orgullosa y sin miedo.

LOS PAPIROS
DE LA
SIBILA

La sibila vivía en una cueva cercana a un gran volcán. Era una vidente, una persona capaz de predecir el futuro, y escribía profecías en largos papiros de hojas de palma. Cuando alguien la visitaba para conocer su destino, hablaba con voz profunda y pronunciaba frases difíciles de comprender.

Era muy famosa, y la gente hacía cola para verla, de día y de noche. Nadie sabía cuántos años tenía: probablemente más de trescientos, su piel parecía una telaraña de arrugas y su cuerpo era frágil como el de un pajarito. Se decía que había sido muy bella, y que incluso Apolo, el dios del sol, se había enamorado de ella.

—Sé mi sacerdotisa —le había suplicado—. A cambio, pídeme lo que quieras.

La sibila había cogido un puñado de arena.

—Quiero vivir tantos años como granos de arena tengo dentro del puño —había contestado. Pero se había olvidado de pedir también el don de la juventud, y por ello se había condenado a vivir muchísimos años en un cuerpo de anciana.

La sibila no salía casi nunca, pero un día se levantó, puso en un cesto nueve papiros escritos y se fue caminando por la calle principal en dirección a Roma.

Al llegar a la ciudad, miró a su alrededor, desconsolada: las calles estaban llenas de gente pobre, las casas se caían a pedazos, los niños estaban demasiado delgados. Negó con la cabeza y se dirigió al palacio del rey. En aquellos tiempos reinaba Tarquinio el Soberbio, un tirano que solo pensaba en enriquecerse y no se preocupaba de sus ciudadanos.

—Dejadme entrar, tengo que hablar con el monarca —dijo
la sibila a los dos guardias que custodiaban la entrada.

—No recibe a nadie, vete —le dijeron los guardias riéndose.

La profetisa miró fijamente a los dos hombres, sus ojos
irradiaban una luz deslumbradora.

—Me siento raro —balbuceó uno de los soldados.

—Yo también —masculló el otro—. Me parece que es
una bruja, será mejor que la dejemos pasar.

Y así fue como la sibila se presentó ante Tarquinio el
Soberbio.

—Majestad, quiero proponeros algo: en estos valiosos papiros
podrás leer el futuro de Roma. Te los vendo por doscientas
monedas de oro.

El rey estalló en risas:

—¿Te has vuelto loca? ¿Para qué quiero yo tus garabatos?
No te daré ni una sola moneda.

Con la sonrisa en los labios, la sibila acercó uno de los rollos a un brasero que quemaba en la sala. El papiro ardió. Fragmentos de páginas carbonizadas volaron por la estancia bajo la mirada atónita de los cortesanos.

—Ahora quedan ocho manuscritos, mi rey, te los vendo por trescientas monedas de oro, no pierdas esta oportunidad.

—¿Solo ocho y a un precio más alto? Debes de estar bromeando. No pagaré. Vete.

Sin inmutarse, la sibila cogió otro papiro y también le prendió fuego. Muchos empezaban a murmurar: la profetisa era muy conocida, el rey no debía tomarse a broma sus palabras. Pero Tarquinio no daba su brazo a torcer. Entonces la sibila quemó otros rollos, uno tras otro. Pedacitos de papiro con palabras quemadas ondeaban en el ambiente cargado de humo. Los cortesanos estaban cada vez más preocupados.

De repente, un fragmento encendido se redujo a cenizas justo a los pies del trono y el rey apenas tuvo tiempo de leer el nombre de «Tarquinio», el suyo, antes de ser devorado por las llamas. Preso de un pánico repentino, se decidió entonces a pagar una cifra enorme por los últimos tres rollos que se habían salvado.

—¡Tú has ganado, bruja! —proclamó ofreciéndole las monedas. Y apenas recibió el oro que le había pedido, la sibila desapareció y en Roma nadie más la volvió a ver.

Tarquinio desenrolló rápidamente los papiros que había comprado a un precio tan alto. Leía y releía, pero por más que se esforzaba no era capaz de entender nada, todo le parecían frases sin sentido. Llamó a sabios, adivinos y eruditos, con la esperanza de que al menos uno de ellos consiguiera interpretar los oráculos de la sibila. Pero nada. Pasaron meses y años, y los manuscritos sibilinos fueron conservados en un templo donde se podían consultar si se presentaba algún problema. Aquellas profecías eran consideradas verdaderos tesoros, a pesar de su difícil comprensión. Y los romanos acabaron echando a su rey. Nunca se supo lo que escribió la sibila de él, pero no importa. Porque aquel día, en la gran hoguera en medio de la sala del trono, Tarquinio el Soberbio tuvo miedo, y su futuro se convirtió en humo.

Las ocas
del
Capitolio

La colina del Capitolio era un lugar sagrado para todos los romanos. Protegidos por sólidas murallas y un precipicio de roca escarpada, en la cima se erguían los templos dedicados a los reyes. En los días de fiesta, la colina se llenaba de gente que participaba en ceremonias y desfiles, pero durante el resto del año allí arriba solo vivían guardias, los sacerdotes del templo de Júpiter y unas espléndidas ocas de largo cuello. Las aves picoteaban por el recinto del templo y eran sagradas, protegidas por Juno, la esposa del rey de los dioses. Un día ventoso, el frío trajo consigo una nueva guerra. Soldados altos, de piel clara y pelo rubio se plantaron ante las puertas de Roma: se llamaban galos, venían del norte y estaban dirigidos por Breno, un jefe experto y valiente. Al cabo de poco, muchos barrios de la ciudad fueron devastados y los ciudadanos encontraron refugio en el Capitolio, el último sitio que aún no habían alcanzado aquellos terribles enemigos: los galos.

El silencio reinaba en la colina, los pasos de los habitantes
resonaban en los adoquines, algunos se paraban a rezar,
otros consumían bajo los árboles las pocas provisiones
que les quedaban. Los intrusos se lo habían llevado todo
y los romanos empezaban a padecer hambre.
Al pasar junto al recinto y ver las ocas
correteando felices, a más de uno se le
ocurrió la idea de comérselas asadas.

Intervinieron los sacerdotes, los soldados, todos… Las ocas eran sagradas: matarlas traería la desgracia a la ciudad. Mientras se discutía sobre cómo sobrevivir al largo asedio, los galos trataban de escalar las laderas del Capitolio de todas las maneras posibles. Lo intentaban por un lado y por el otro, escondidos entre los matorrales en pequeños grupos, armados hasta los dientes, pero era inútil. Los centinelas romanos en la cima de las murallas siempre lograban echarlos atrás. La fortaleza parecía inexpugnable y los días pasaban entre tentativas de ataques, hambre y carestía. Los romanos no resistirían mucho más tiempo.

De tierras cercanas llegó una esperanza. Un joven de nombre Poncio Comino caminaba decidido llevando un mensaje de la vecina ciudad de Veyo. Un ejército bien organizado estaba listo para intervenir en ayuda de Roma, los aliados esperaban solo una señal de los senadores.

Cuando Poncio llegó a orillas del Tíber, miró a su alrededor y vio que el puente estaba vigilado por feroces guerreros galos. No podía pasar por allá, lo capturarían. Solo le quedaba una posibilidad: lanzarse al agua y alcanzar la ciudad a nado. No era un gran nadador, pero tenía ideas muy brillantes. Así que inventó un sistema para enfrentarse a la corriente: se ató unas láminas de corcho en torno a su cuerpo y se dejó deslizar en el agua. Flotando sujeto a los corchos, llegó a la otra orilla, ya cerca del Capitolio.

La colina era alta, pero Poncio conocía un camino para alcanzar la cima: trepó hasta la muralla.

—¡Alto! ¿quién va? —La punta de la lanza de un centinela le rozó el cuello.

—¡Soy Poncio, el mensajero de Veyo, traigo noticias importantes!

El centinela bajó el arma y llevó al muchacho ante los senadores. Así pudieron saber que los aliados estaban a punto de llegar. Todo parecía ir bien, pero en realidad un gran peligro amenazaba al Capitolio.

Un soldado galo que hacía la ronda a los pies de la colina descubrió unas huellas, las siguió y vio que subían por la pendiente. Entre los arbustos observó ramas rotas, luego un trozo de tierra desprendida y otros rastros más, cada vez más arriba. El galo corrió inmediatamente a llamar a sus compañeros.

—Alguien ha logrado subir —explicó—. Solo necesitamos seguir sus pasos y llegaremos a la cima.

Sin querer, Poncio había mostrado el camino a los enemigos. La noche era oscura y sin luna. Solo el canto del mochuelo rompía el silencio. En el Capitolio todos dormían profundamente, pero algo crujía entre los arbustos.

Formando una cadena con sus manos, los galos estaban escalando el peñasco. Ante sus ojos se perfilaba la muralla de la fortaleza: ya estaban cerca. De repente, el silencio fue roto por un sonido agudo, un estruendo parecido al toque de mil trompetas.

—¡Socorro! —gritaron los galos—. ¡Los romanos nos han descubierto!

Marco Manlio, uno de los soldados de guardia, se despabiló con aquel estrépito.

—¡Despertaos, deprisa! ¿No habéis oído las alarmas? —chilló a sus compañeros—. ¡Los galos nos atacan!

En un momento, Marco se asomó corriendo al borde de las murallas, justo a tiempo para agarrar la mano de un enemigo que intentaba sujetarse a la almena y echarlo abajo. El soldado cayó violentamente, embistiendo a todos sus compañeros. Mientras tanto, toda la guarnición se había levantado. Los romanos vieron a sus adversarios caer rodando por el peñasco, uno tras otro.

—¡Viva! ¡Lo hemos conseguido! —gritaron al unísono.

Sí, pero ¿quién había dado la voz de alarma? Las trompetas estaban en un rincón, nadie las había tocado. ¿Quién había hecho tanto ruido? ¡Era un misterio!

—¡Venid a ver esto, rápido! —llamó Marco a sus compañeros cerca del recinto.

Entre una nube de plumas que volaban en el aire, las ocas de Juno se agitaban corriendo por todos lados. Los soldados se miraron atónitos y sonrientes: no quedaba duda, había sido el canto de las aves lo que los había despertado a todos.

Al amanecer de aquel día una curiosa noticia
corrió de boca en boca.

Parecía increíble, pero había ocurrido de verdad.
Roma se había salvado gracias a las ocas sagradas
y a sus cantos divinos.

La marcha de Aníbal

Aníbal era un gran general que tenía unas ideas realmente geniales. Su patria, Cartago, hacía años que estaba en guerra contra Roma y él odiaba a los romanos con todas sus fuerzas; por eso decidió lanzar un ataque en el corazón del territorio enemigo. Alcanzar Italia por mar hubiera sido fácil, pues los cartagineses poseían una flota poderosa, pero era demasiado previsible.

Intentó, pues, sorprender a todos: reunió a un ejército enorme, formado por hombres que hablaban lenguas diferentes. Llegaron los caballeros del desierto, los guerreros de los altiplanos, los jefes de las tribus del norte, incluso los honderos de las islas azules, armados con hondas que lanzaban proyectiles a largas distancias. Aníbal también disponía de cientos de caballos, muchos mulos y, sobre todo, treinta y siete majestuosos elefantes.

Con su caravana de hombres y animales, se puso
en camino hacia Italia, hasta que llegó a orillas de
un río. Para proseguir era necesario cruzar al otro lado.
Sentado a lomos de Surus, su leal elefante, escrutaba
el horizonte. «Llevar a mis hombres hasta la otra
orilla no será difícil», meditaba, «pero ¿cómo haré
con los animales?» Se dio la vuelta y observó a los
soldados que esperaban su señal para empezar la travesía.

—Los elefantes deben quedarse aquí,
no pueden vadear el río —comentó uno de
los oficiales.

—Forman parte del ejército y vendrán con nosotros
—sentenció Aníbal—. Pero necesitaremos balsas muy grandes.
Así pues, los soldados se pusieron manos a la obra,
cortaron leña, ataron cuerdas y construyeron largas
balsas que sujetaron a la orilla con cuerdas.

—¡General, los elefantes están asustados, no quieren subir! —gritó un joven que intentaba sin éxito arrastrar a los paquidermos hasta las embarcaciones.

Aníbal hizo que las balsas se cubrieran con tierra y las camufló tan bien que estos se montaron encima pensando que estaban en tierra firme. Ataron cuerdas a las barcas y estas, lentamente se deslizaron por el agua hacia la otra orilla. Pero Surus estaba inquieto, daba barritos y se agitaba, hasta que finalmente cayó al agua con un estruendoso zambullido. Aníbal vio hundirse a su enorme amigo, convencido de que lo había perdido para siempre. Pero de repente, algo afloró en la superficie. Era la punta de la trompa. ¡Surus estaba nadando!

Después, como una montaña surgida de la nada, el general vio emerger al elefante en la orilla, le acarició el morro y sonrió. Era hora de reanudar la marcha. Otra barrera esperaba al ejército cartaginés: los Alpes, unas montañas imponentes azotadas por el hielo y el viento. Tenían que cruzarlas antes de que llegase el frío, si no quedarían atrapados en la nieve. No era fácil avanzar, y además había otro problema. En aquellas tierras vivía una tribu de montañeses que se movían con habilidad entre bosques y peñascos y que no estaban dispuestos a dejar pasar a un ejército extranjero.

Una lluvia de piedras lanzadas desde una colina recibió a los cartagineses. Más tarde se pasó al enfrentamiento directo. Fueron días de luchas, emboscadas, incendios. Solo ante los elefantes los guerreros de las cumbres depusieron las armas. ¡Nunca antes habían visto aquellos animales tan increíbles!

Pasó el tiempo, llegaba el otoño y los soldados estaban cansados y hambrientos. Las provisiones de carne seca menguaban y muchos empezaron a alejarse en busca de osos, gamuzas y otros animales para cazarlos.

Entonces, una tormenta helada sorprendió a Aníbal y a su ejército mientras atravesaban una cumbre. Se encerraron en las tiendas apretándose unos contra otros para no morir de frío. Los pobres elefantes estaban todavía peor y muchos enfermaron. Al ver a su ejército cubierto por una capa de nieve, Aníbal pensó que todo estaba perdido. Sin embargo, una mañana sin viento se dio cuenta de que el temporal había cesado. La caravana se puso de nuevo en marcha, pero al entrar en un valle se encontró el camino bloqueado por una roca. Aníbal decidió abrir un paso y ordenó a los soldados que prendieran fuego al peñasco.

—¡Buscad toda la leña que podáis, tenemos que encender una gran hoguera!

Cuando la roca se volvió incandescente, Aníbal mandó verter vinagre por encima. Poco a poco se abrió una grieta que se transformó en una abertura y finalmente en un paso. Los soldados, sin embargo, estaban descontentos: ¡aquel viaje no se acababa nunca! El general los invitó a que miraran más allá de las cumbres. Bajo el cielo se abría una tierra fértil y verde: un espectáculo maravilloso. Animados por aquella visión, los soldados gritaron de alegría y aclamaron a su general:

—¡Viva Aníbal! ¡En marcha!

Demacrado, pero con la mirada llena de orgullo, el general avanzó delante de todos encima de Surus, el último elefante que había quedado. Aníbal había cruzado las montañas, se había enfrentado al hambre, al frío y a todo tipo de peligros, pero tenía por delante más días de fuego. En la llanura lo esperaba el ejército más poderoso del mundo: el de Roma.

ESPARTACO, EL GLADIADOR

El sol caía implacable sobre el anfiteatro, las gradas estaban abarrotadas. Una de las verjas se abrió y el gladiador avanzó sobre la tierra desnuda, aclamado por todos.

—¡Espartaco, Espartaco! —gritaba la muchedumbre. Aquel no era su verdadero nombre: era un apodo que se había ganado en la arena después de muchos combates, en recuerdo de Esparta, la famosa ciudad guerrera de Grecia. Espartaco llevaba un yelmo que le cubría la cara, protectores de brazos, espinilleras metálicas que protegían las piernas desde el tobillo hasta la rodilla y un escudo rectangular que le cubría casi todo el cuerpo.

Pensó en su tierra, la lejana Tracia. Hacía mucho tiempo que no veía su casa, ni a su mujer ni a su gente. Años atrás había entrado en el ejército y había luchado por Roma. Pero los soldados eran tratados como animales y cuando ya no pudo soportarlo más dijo basta y huyó. Aun así, fue localizado y capturado. Si no hubiera sido por su estatura y su físico musculoso lo hubieran matado, pero finalmente acabó en un mercado de esclavos, donde los seres humanos eran vendidos como objetos. Cada prisionero llevaba colgado del cuello un cartel en el que se podía leer el nombre de su país de origen y lo que sabía hacer. Algunos servían para «trabajar en el campo» y otros para «trabajos domésticos»; su cartel decía «buen luchador», y entró a formar parte del servicio de Léntulo Batiato, el rico propietario de la escuela de gladiadores de Capua.

Espartaco observó a su adversario. Era un joven recién llegado, fuerte pero inexperto. No se había entrenado mucho en el gimnasio, no había tomado suficiente bebida de heno griego que proporcionaba energía, no había luchado contra los muñecos en forma de hombre antes de enfrentarse a uno de verdad.

Espartaco sabía que partía con ventaja y derrotó al joven. Pero mientras la multitud lo aclamaba, sintió una rabia profunda. Ya no quería luchar más, ya no quería matar más. A veces, a esclavos como él, en el apogeo de la fama, se les concedía la libertad. Entonces podían convertirse en entrenadores de otros gladiadores; sin embargo, el precio a pagar era demasiado alto. En plena noche, Espartaco despertó a dos compañeros originarios de la Galia: Enomao y Crixo.

—Tenemos que rebelarnos —murmuró.

—Pero ¿cómo? Las armas están bajo llave, nos las dan solo en los combates —contestó Enomao dubitativo.

—Nos rebelaremos durante un espectáculo —añadió Espartaco.

—¡Si solo somos tres! —exclamó Crixo.

—Convenceremos también a los demás —concluyó Espartaco.

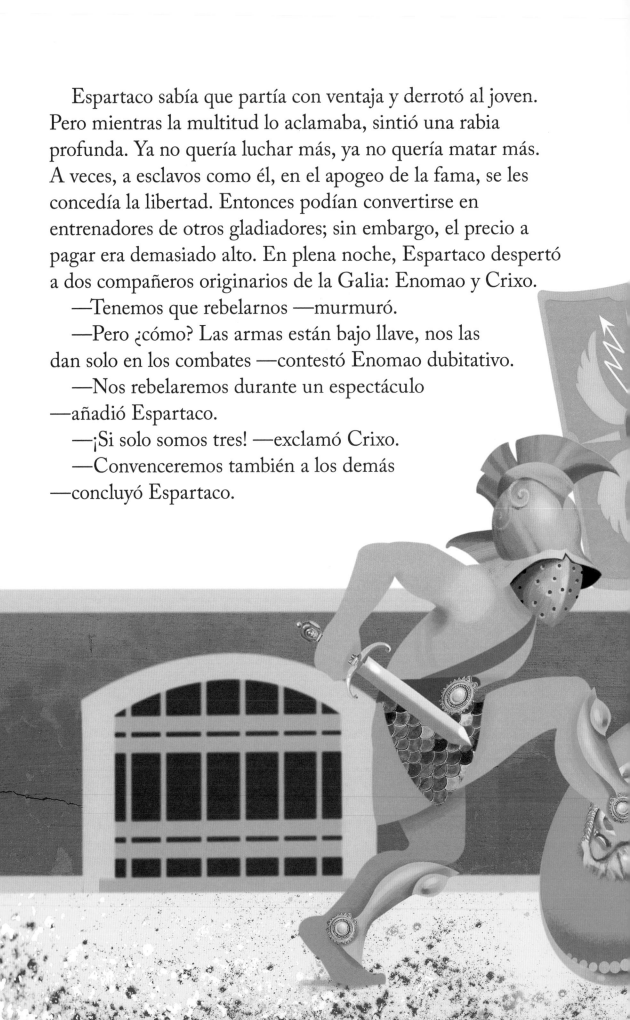

Y llegó el día; muchas personalidades asistían a los juegos. Todos esperaban la lucha entre Espartaco y Crixo, los más fuertes. Cuando entraron en la arena, simularon enfrentarse a un combate a muerte. El público estaba entusiasmado, nadie sospechaba lo que iba a ocurrir. De repente, Crixo lanzó un grito y se agachó cubriéndose con el escudo. Era la señal: Espartaco cogió carrerilla, utilizó el escudo del compañero como trampolín y saltó sobre la tribuna de honor con la espada desenfundada.

Aquel increíble salto dio inicio a la rebelión.

Léntulo Batiato no se lo podía creer: ¡todos sus atletas se estaban rebelando! Llamó a la guardia y también a las milicias de la ciudad, pero no pudieron hacer nada.

Espartaco y sus compañeros huyeron y se refugiaron en las laderas del Vesubio. Eran unos cincuenta, pero pronto el grupo empezó a crecer.

La noticia de lo ocurrido se había propagado y otros muchos esclavos, campesinos y pastores se unieron a los rebeldes.

En Roma, mientras tanto, los senadores discutían acaloradamente:

—¡Necesitamos a los esclavos! Enviemos un ejército a reprimir la rebelión.

Salieron muchas tropas dirigidas por hábiles oficiales, pero los rebeldes parecían imbatibles. Sin embargo, pronto surgió el cansancio. Después de la increíble fuga del anfiteatro de Capua, pasaron dos larguísimos años de luchas, saqueos y hambre. Al final, los rebeldes estaban exhaustos y la libertad parecía lejos todavía. El último comandante que trató de detener el avance de Espartaco se llamaba Craso y era uno de los hombres más poderosos de Roma. En una llanura yerma azotada por el viento, el líder de los sublevados se preparó para el enfrentamiento.

Ante su ejército, formado por gente de muchos países, destacaban las legiones romanas.

Espartaco empuñaba el gladio, la espada corta que utilizaba cuando era gladiador. Entonces oteó el horizonte buscando a Craso y espoleó a su caballo para alcanzarlo. A partir de aquel momento todo se volvió confuso, nadie lo vio más. El ejército romano logró derrotarlos, pero los esclavos, los pobres y los desheredados no olvidarían nunca a Espartaco.

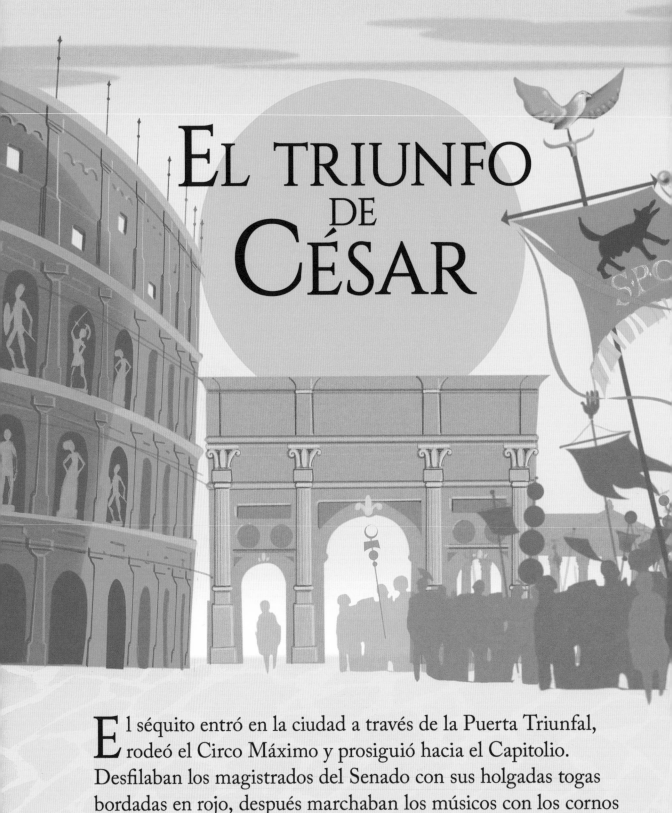

El triunfo de César

El séquito entró en la ciudad a través de la Puerta Triunfal, rodeó el Circo Máximo y prosiguió hacia el Capitolio. Desfilaban los magistrados del Senado con sus holgadas togas bordadas en rojo, después marchaban los músicos con los cornos y las trompetas, seguidos por palanquines cargados de armas y tesoros obtenidos en los territorios sometidos. Fulvio, un niño de ocho años que asistía al desfile, señaló un palanquín coronado por una extraña construcción de madera.

—¿Qué es aquello? —preguntó a su padre.

—La maqueta de una de las ciudades conquistadas por nuestro general —contestó el padre, que se llamaba Marcio.

Mientras tanto, la comitiva avanzaba: pasaron bueyes blancos destinados al sacrificio en honor a los dioses y hombres encadenados de pelo rubio, piel clara y mirada pétrea.

—Aquellos son los prisioneros de guerra —explicó Marcio.

—¿Se convertirán en esclavos? —preguntó Fulvio.

—Claro.

Fulvio observó la ropa de los prisioneros: vestían unos curiosos calzones de tela gruesa, largos hasta los pies, que no había visto nunca. Eran pantalones típicos de las tribus de la lejana Galia. Después su atención recayó en uno de los hombres. Tenía el pelo que le llegaba hasta los hombros y un bigote muy poblado, y por encima de los calzones llevaba una casaca, un peto de cuero, una capa ancha y un yelmo rematado con las alas de un ave rapaz, pero, sobre todo, a diferencia de sus compañeros, avanzaba con la espalda recta y la mirada orgullosa.

Ante aquel guerrero, Fulvio sintió una inquietud mezclada con admiración.

—Es Vercingetórix, rey de los arvernos y cabecilla de las tribus galas —precisó Marcio—. Un hombre valiente que a punto estuvo de derrotarnos.

—¿De verdad?

Marcio explicó a su hijo la larguísima guerra que había dirigido César. Le contó que las tribus galas estaban divididas entre ellas y no tenían una estrategia común y discutían y se peleaban hasta que llegó Vercingetórix.

El rey de los arvernos se había hecho con el mando de todas las tropas durante una gran y conflictiva asamblea de jefes de tribu. Desde entonces, los galos luchaban unidos, eran más fuertes y había ganado algunas batallas importantes. Sin embargo, Vercingetórix había cometido el error de atrincherarse en Alesia, una ciudad fortificada rodeada de ríos.

Por orden de Julio César se había excavado un foso en torno
a la ciudad para evitar que los aliados del rey llevaran ayuda a las
tropas resguardadas al otro lado de las murallas. Alrededor del
foso había trampas, y por todas partes se podían ver torres de
vigilancia. Alesia estaba completamente aislada, nadie podía
llegar hasta allí.

—¿Y qué pasó después? —preguntó Fulvio.

—Al final, los galos, hambrientos, se vieron obligados a salir
de las murallas para enfrentarse a los nuestros —continuó
Marcio—. La batalla de Alesia supuso su derrota definitiva.
El día después, Vercingetórix se presentó en el campamento
romano, bajó del caballo y dejó su armadura, la espada, el
escudo y todas sus armas a los pies de César.

—¿Y por qué lo hizo?

—Ofrecía su vida a cambio de la de su gente. Esperaba
que los habitantes de Alesia fueran liberados.

Fulvio se quedó callado; algo debía de haber salido mal, porque los compañeros de Vercingetórix estaban allí con él y caminaban con los pies encadenados. Un toque de trompeta lo apartó de sus pensamientos. Los prisioneros ya habían pasado y ahora desfilaban los estandartes del ejército decorados con guirnaldas.

—Ya está aquí —afirmó Marcio—, llega César.

Rodeado de altos funcionarios y de numerosos soldados, se acercaba el carro dorado del vencedor.

La gente aclamaba, murmuraba, se movía, y el pequeño Fulvio apenas pudo abrirse paso entre personas mucho más altas que él. ¡No quería perderse el espectáculo!

En el carro, con una túnica púrpura decorada con estrellas doradas, un cetro entre las manos y la corona de laureles en la cabeza, el general y cónsul Julio César parecía una estatua. Sus ojos negros no dejaban adivinar ninguna emoción. Por encima de su cabeza, un esclavo sostenía una corona de flores doradas.

—Parece un dios —murmuró extasiado Fulvio.

—Sí, va vestido como Júpiter —confirmó Marcio—. La corona de oro también es la del rey de los dioses.

El desfile continuaba, pasaron oficiales a caballo y legiones de soldados que sujetaban entre las manos ramitas de laurel y cantaban en honor a su comandante. Después el séquito subió hacia el Capitolio, donde César realizó los sacrificios, y todo concluyó con un gran banquete.

Por la noche, Fulvio se fue a dormir con la cabeza llena de imágenes de aquella jornada festiva. Soñó con los carros, los estandartes, los soldados, pero también vio las fortificaciones de Alesia y al guerrero Vercingetórix de rodillas, a los pies de César. Se despertó pronto, el sol ya salía por las colinas de la ciudad, había casas, palacios y templos hasta donde alcanzaba la vista. Roma crecía día a día, y Fulvio estaba contento de formar parte de ella. La idea de ser un ciudadano romano lo hacía sentirse a salvo.

LIVIA
Y LA
GALLINA BLANCA

En una colina a las puertas de Roma se erigía una maravillosa villa de campo. Tenía muchas estancias, habitaciones para la servidumbre, un gran comedor con frescos y un pórtico con un estanque de agua cristalina en el centro. Con todo, la parte más bonita de la villa era el jardín. Entre los setos de mirto y romero, Livia pasaba allí muchas horas del día. Cuidaba las rosas, recogía hierbas aromáticas y plantaba semillas en cada estación.

Viéndola así, con una sencilla túnica, el pelo recogido y sin ninguna joya, podía parecer una mujer de pueblo y no la esposa del emperador Augusto, una de las mujeres más poderosas de su época.

Roma era ya una ciudad muy grande, llena de gente y de carros que descargaban mercancías a todas horas. A la emperatriz no le gustaba el alboroto y en cuanto podía se refugiaba en su villa, lejos del ruido y de las obligaciones de la corte.

Un día, Livia estaba recogiendo hierbas que empleaba para infusiones.

De repente oyó un ruido, como una racha de viento. Una
sombra negra oscureció el cielo: Livia vio un ave de largas alas
con un enorme pico curvo y ojos de color del fuego. ¡Un águila!
La emperatriz se quedó paralizada. Levantó la mirada y
advirtió que el ave rapaz tenía una presa sujeta entre las garras.
Pobre animalito, no le esperaba un buen final.

Pero, inesperadamente, el águila abrió sus garras y dejó caer
a la presa, para alejarse después.

—*¡Co co co!* —cacareó esta al caer entre los brazos de Livia.

—¿Una gallina? —se preguntó sorprendida la mujer.

Livia la acarició y notó que el corazón le latía
aceleradamente: se había asustado mucho. Fue entonces cuando
se percató de un detalle curioso: el ave llevaba en el pico una
ramita de laurel llena de bayas. Livia tomó la gallina y entró en
la casa.

—Llama inmediatamente a Apolonio, el adivino, lo necesito —dijo a uno de sus siervos.

Livia solía consultar a los adivinos, igual que su marido. Los nobles pedían a menudo consejo a estos sacerdotes antes de tomar una decisión importante. No se empezaba una guerra, no se proclamaba la paz, no se organizaban fiestas ni bodas sin escucharlos antes. Poco después, Apolonio se presentó en la entrada de la villa.

—Hoy han ocurrido hechos extraordinarios —dijo Livia. Y explicó lo sucedido.

El adivino observó con atención a la gallina blanca y la rama de laurel, y luego dirigió hacia el cielo el bastón de punta curvada, parecido a un signo de interrogación, que siempre llevaba consigo. Una bandada de garzas volaba en perfecto orden formando dibujos en el aire, exactamente como esperaba. Los adivinos como él eran expertos en interpretar el vuelo de las aves, y aquella visión era una señal.

—Esto que ha pasado hoy es un buen augurio —explicó Apolonio—. El águila es símbolo del Imperio y te ha dado la gallina: deberás criar gallinas blancas en tu villa.

—¿Estás bromeando? —estalló la emperatriz.

—Estas aves son sagradas para los dioses. Mientras vivan aquí, queridas y cuidadas, Roma también crecerá rica y victoriosa —sentenció Apolonio.

—Por todos los dioses del Olimpo, tendré que transformar mi jardín en una granja —murmuró Livia desconsolada.

—Y no te olvides del laurel —añadió el adivino—. Plantarás todas las bayas de la rama, y de ellas nacerá un bosquecillo que florecerá en los próximos siglos.

Dicho esto, el sacerdote se echó la capa a los hombros y se encaminó hacia la salida.

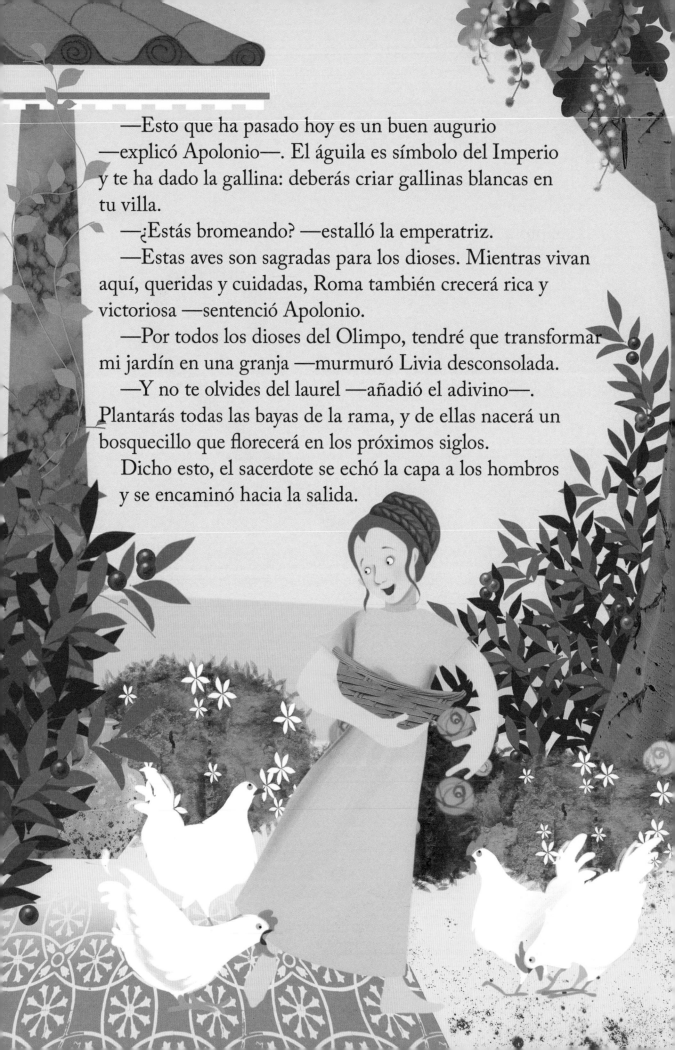

El emperador incluso había hecho construir barracas para dar alojamiento a los que habían perdido la casa.

Hombres, mujeres y niños miraban asombrados a su alrededor: no podían creer que Nerón los hubiera acogido en su residencia privada.

Tras nueve días, Roma quedó reducida a cenizas. Entonces Nerón mandó llamar a los mejores arquitectos, examinó dibujos y proyectos e hizo reconstruirlo todo. Roma se convirtió en una ciudad todavía más bella que antes. Las nuevas calles eran anchas, en las casas había menos materiales inflamables y en cualquier plaza, en cualquier cruce, se podía encontrar agua que manaba de centenares de fuentes. El emperador quería tener un nuevo palacio digno de su grandeza y para construirlo no reparó en gastos.

Esperó tres días antes de partir. Cuando llegó a Roma, el fuego ya había devastado gran parte de la ciudad. Junto con las llamas, en la ciudad corrían los rumores y los chismes. Muchos afirmaban que había sido precisamente él, el loco emperador, quien le había prendido fuego.

—Quería destruir los viejos barrios —murmuraba la gente—. ¡En el lugar de nuestras casas quiere construirse un palacio nuevo!

Entonces, de repente, tuvo lugar un hecho que sorprendió a todos. Unos guardias abrieron las verjas de los jardines imperiales, donde no habían llegado las llamas, e invitaron a la gente a entrar. La muchedumbre asustada encontró refugio entre parterres y pequeños estanques.

Cuando el fuego empezó a devorar Roma, el emperador
estaba asistiendo a un espectáculo en su villa cerca
del mar, en Anzio.

Un mensajero le llevó la terrible noticia:

—Roma arde, oh, divino.

Nerón lo escuchó sin inmutarse, y luego siguió
tocando la lira, un instrumento de cuerda que
usaba para alegrar las veladas de la corte.

El emperador Nerón era extravagante: no le gustaba la guerra, nunca se dejaba ver entre los soldados y quería vivir en un mundo lleno de belleza y obras de arte. Sentía una gran pasión por los espectáculos, la música y sobre todo el teatro. Se rodeaba de refinados músicos, poetas, filósofos y a veces incluso hacía de actor. Durante su reinado, Roma había crecido mucho: allí vivían miles de personas agolpadas en grandes edificios, con poca luz y sin agua. Las calles eran estrechas, atestadas de gente y malolientes, y las pequeñas tiendas que daban a los callejones estaban repletas de mercancías y objetos. En un caluroso día de julio se declaró un enorme incendio. Las llamas empezaron cerca del Circo Máximo, donde se celebraban las carreras de caballos. En poco tiempo el fuego se propagó, se extendió a las casas de los alrededores y subió hacia la colina del Palatino con la violencia de un dragón que escupe fuego.

Las casas eran de madera, un material que arde muy fácilmente. La gente casi siempre cocinaba los alimentos en braseros en medio de la calle; solo los ricos se podían permitir tener una cocina. Por la noche, centenares de antorchas iluminaban las calles. Bastaba una racha de viento para que cualquier chispa provocase un incendio.

Los bomberos siempre estaban preparados para intervenir con hachas, escaleras y cuerdas. Extinguían las llamas con mantas mojadas y mangueras de cuero, a modo de grandes regaderas.

EL SUEÑO
DE
NERÓN

Livia se sentía fatigada y un poco desconcertada, pero en seguida se puso manos a la obra. A partir de entonces, un gran número de curiosos pasaba por allí para poder ver a la emperatriz repartiendo pienso a aquellas preciadas gallinas.

En cuanto a Augusto, empezó a utilizar ramas de laurel recogidas en la villa para trenzar la corona que llevaba en la cabeza en las grandes ocasiones, igual que lo harían otros emperadores después de él. El laurel para las coronas tenía que proceder del milagroso jardín de Livia, donde, entre flores y matojos, correteaban libres las sagradas gallinas blancas. Aquel lugar tenía algo mágico, y año tras año crecía fuerte y exuberante al mismo tiempo que el poder de Roma.